KOMBÜSENGOLD

32 REZEPTE UND HERDGESCHICHTEN VON SEE

AUTOR KAI SCHÄCHTELE
FOTOGRAF THOMAS DUFFÉ

HALT

REZEPTE VON ──────────────────────────

WEIT DRAUS SEN

»Kombüsengold« ist kein Kochbuch, wie Sie es kennen. Wir schreiben nicht ab Seite soundso über Nudeln und von Seite X bis Seite Y über Reisgerichte für Singles am Freitagabend. Oder über die angeblichen Geheimnisse eines Kochs, der meint, ein Star zu sein, weil er sich unter anderen Scheinwerfern bewegt. Dies ist ein anderes Kochbuch, eines, in dem es um Essenzen geht. Um Kochen als gemeinschaftliches Ereignis, um Essen und Kommunikation in reinsten Form. Um Kochen als Emotion, als Erlebnis, als eine Sammlung von Geschichten. Um Köche auf einem Frachtschiff.

Wer einmal versucht hat, einen Kaffee in einem fahrenden Auto zu trinken, der kann sich vielleicht vorstellen, wie schwierig das sein muss, auf einem bewegten Schiff drei Mahlzeiten für eine Horde von knapp 25 Seeleuten zu kochen, die keinen Hehl daraus machen, wenn ihnen das Ergebnis nicht schmeckt. Wer auf einem Schiff isst, der füllt nicht nur seinen Magen, sondern der streichelt auch seine Seele. Auf einem Frachter wird in Schichten gearbeitet, lang und hart und gefährlich kann das sein, und die Messe ist der einzige Ort, an dem aus einem zusammengewürfelten Haufen eine Mannschaft wird. Oder eben nicht: Ist der Koch schlecht, ist die Stimmung schlecht.

Der Fotograf Thomas Duffé hat über Jahre hinweg Schiffsköche in ihrer Kombüse besucht. Er hat sie nach ihren besten Rezepten und ihren Geschichten befragt. Die Autoren Kai Schächtele und Bastian Schlange sammelten die Geschichten anderer Seeleute ein. Duffé und Schächtele reisten eigens für »Kombüsengold« von Hamburg über die winterliche Ostsee nach Finnland, um zu erleben, wie das ist auf einem Frachtschiff. Wobei Duffé es schon wusste – denn er fuhr als junger Mann selbst zur See. Die Rezepte aus den Kombüsen testete der Lüneburger Sternekoch Michael Röhm, ein leidenschaftlicher Fan des FC St. Pauli, auf ihre Tauglichkeit an Land. Er hat die Rezepte gekocht, hat in den einzelnen Kapiteln kommentiert und Mengenangaben ergänzt, wo sie in den Originalvorlagen der Seeleute fehlten.

Wenn Sie die Geschichten lesen und diese Rezepte nachkochen, dann denken Sie an die Männer, von denen sie stammen.

Irgendwo weit draußen, irgendwo auf dem Meer.

PRO BE KOC HEN

ZU BESUCH BEI STERNEKOCH MICHAEL RÖHM

Für Michael Röhm ist sein »Heidkrug« an Sonntagen normalerweise Sperrgebiet. Fünf Tage in der Woche steht der Koch am Herd des eigenen Restaurants. Die Schichten beginnen morgens um neun und enden nachts noch lange nicht, wenn der letzte Dessertteller abgeräumt ist. Der Sonntag ist der Tag der Woche, den er mit seinen Kindern verbringen kann. Der Tag, an dem er ein Leben führen kann. Der Tag, der nicht nach Gar- und Bratzeiten getaktet ist. Es muss also einen wichtigen Grund geben, wenn er an einem Sonntagmorgen um neun mit einem fröhlichen »Moin« die Tür des Backsteinbaus in der ansonsten menschenleeren Altstadt von Lüneburg aufsperrt.

Es ist vor allem die Neugier, der er seinen freien Tag opfert. Röhm will herausfinden, ob Gerichte, mit denen Schiffsköche ihre Mannschaften glücklich machen, auch an Land funktionieren. Dabei liegen nicht nur Tausende von Kilometern zwischen dem »Heidkrug« und den Containerschiffen, auf denen Röhms Brüder im Geiste arbeiten. Es sind auch Welten.

Sie sind so unterschiedlich wie Hand- und Faustball. Das Spielfeld hat ähnliche Ausmaße, das Spielgerät dieselbe Form. Doch das Spiel läuft nach komplett unterschiedlichen Regeln.

Röhm betritt den Raum mit der niedrigen Decke, dem dunklen Holzboden, den nackten Ziegelwänden und den dreizehn Tischen, an deren Korbstühlen noch acht Stunden vorher die letzten Gäste saßen. Sie aßen »Jakobsmuscheln mit vier Aromen«, »Wachtelkotelett mit Pfifferlingen und Sellerieschnitzel« oder »Schokoladenfondant mit süßer Erde und Yuzueis«. Mit solchen Gerichten hält Röhm seit 1994 einen Michelin-Stern. Doch der ist Auszeichnung und Verpflichtung zugleich. Seine Gäste wollen nicht nur das Essen des Chefs genießen. Sie wollen ihn auch sehen.

Deshalb hat er noch keine einzige Schicht verpasst, seit er den »Heidkrug« im Jahr 2000 eröffnete. Als seine drei Kinder zur Welt kamen, begrüßte er abends die Gäste. Auf den Hochzeiten seiner besten Freunde konnte er erst mitfeiern, nachdem er nachts den Laden zugesperrt hatte. Selbst als er sich bei einem Treppensturz zwei Rippen gebrochen hatte, stand er am Herd. »Kranksein gibt's nicht«, sagt er. »Niemand kann hier meinen Job übernehmen. Die Leute wollen, dass der Chef persönlich an ihren Tisch kommt. Der Koch stirbt am Herd.« Röhm teilt damit das Schicksal der Männer, die an Bord von Containerschiffen fürs Essen verantwortlich sind: Auch von ihnen wird verlangt, dass sie Tag für Tag in der Kombüse stehen. Ganz egal, wie es ihnen gerade geht. Es ist nicht die einzige Parallele.

Der Siebenundvierzigjährige betritt die Küche und schlüpft in die Kochjacke mit dem Totenkopf und dem St.-Pauli-Schriftzug auf dem rechten Ärmel. Er ist in der Welt der Edelgastronomie angekommen. Doch ein Rest der Rauheit, wie sie auch vielen Seemännern zu eigen ist, steckt immer noch in dem Mann, in dessen Stimme so viel Kraft liegt, dass er damit auch als Frontmann einer Punk-Band durchgehen würde. Selbst seine Haare müsste er kaum mehr wachsen lassen. Die schwarzen Locken trägt er so, dass er sie sich bequem hinter die Ohren stecken kann.

Mit einigen Handgriffen versetzt er die Küche in den Arbeitsmodus. Reiht akkurat wie ein Chirurg vor der Operation die Messer auf. Heizt die Öfen vor. Doch der wichtigste Schritt: Er schaltet den Fernseher auf dem Kühlschrank ein und zappt zum Bezahlsender Sky. Dort läuft die Wiederholung der Bundesligaspiele vom Vortag. Dabei kennt er alle Ergebnisse. Er hat die Partien ja schon am Samstag gesehen. Doch in seiner Küche läuft grundsätzlich alles an Fußball, was es im Fernsehen zu sehen gibt. 1. Bundesliga, 2. Bundesliga, Champions League. Sein einziges Hobby, sagt er. Ein anderes könnte er bei seinem Job nicht pflegen. Es ist deshalb kein Zufall, dass auch sein Motto an den Fußball angelehnt ist: »Die Wahrheit liegt auf dem Teller.« Diesen Satz hat er ganz oben auf die Website des »Heidkrug« geschrieben.

Ein Schweinekotelett kann ihm genauso viel Freude bereiten wie ein Wachtelkotelett – solange es gut gemacht ist. »Es gibt nur zwei Küchen«, sagt er, als er die »Kombüsengold«-Rezepte an die

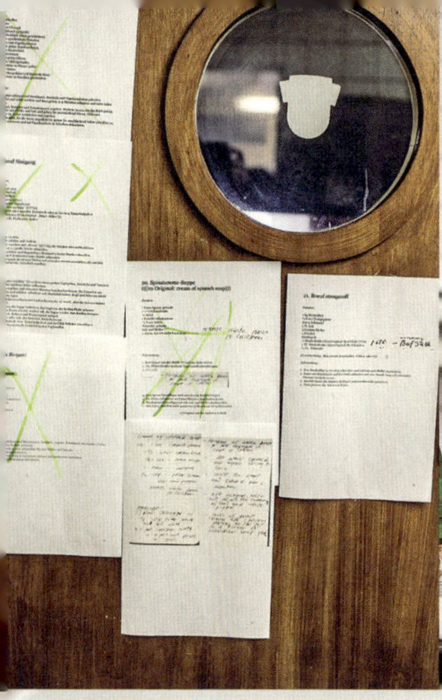

HEINZ
TOMATO KETCHUP
Shrimp Pasta mit gebackenem Thunfischsteak
Zutaten:

Wand klebt. »Eine gute und eine schlechte.« In welche der beiden Kategorien die 32 Rezepte der Schiffsköche gehören, das will er in den folgenden Stunden erkochen und erkosten. Und das nicht allein. Für die Mittagszeit hat er Freunde eingeladen, die er an den Streifzügen durch die Welt der Schiffsküchen teilhaben lassen möchte.

Michael, wie sahen die Vorbereitungen auf diesen Tag aus?
Wir haben im Vorfeld unglaublich viel geschnitten und gehobelt. Ich habe in meinem ganzen Leben noch nie so viel Knoblauch und so viele Zwiebeln auf einmal verarbeitet. Gerichte, bei denen Fleisch geschmort werden muss, haben wir mit den entsprechenden Zutaten vorgeschmort, weil das keinen Qualitätsunterschied bedeutet. Pastagerichte wie Spaghetti vongole haben wir nur vorbereitet, indem wir die Muscheln vom Sand befreit haben.

Was ist dir beim Studium der Rezepte aufgefallen?
Viele Gerichte sind nach demselben Muster aufgebaut: viel Fleisch, viele Zwiebeln und Knoblauch, viele Tomaten. Alles Zutaten, die lange haltbar sind. Das geht auf einem Schiff auch nicht anders. Man kann ja nicht mal eben in den Supermarkt gehen, um frische Lebensmittel einzukaufen. Ein paar Gerichte sind dabei, bei denen ich sage: Alle Achtung, die muss man aushalten können. Bei Lamm Biryani, Rezept 15, steht zum Beispiel: 20 Gramm Chili-Pulver. Dazu fünf Chilis. Ich esse selbst gern scharf, doch das ist für uns eindeutig zu hart. Aber wir reden hier auch über andere Kulturen. Leute, die das zu sich nehmen, sind das so gewohnt. Ein paar witzige Rezepte sind auch dabei.

Zum Beispiel?
Etwa die Shrimps in süßsaurer Sauce. Da heißt es: Die Shrimps rösten, eine Flasche Ketchup drauf und dann anbraten lassen, bis der karamellisiert. Da würde ich den Koch gern fragen, wie dieses Rezept entstanden ist.

Welches sind die exotischsten Zutaten?
Das sind die Blüten der Bananenknospen im Kare-kare, einer Art philippinischem Eintopf. Hatte ich vorher noch nicht in der Hand. Wenn man die probiert, wird der Mundinnenraum taub. Für dieses Gericht mussten wir auch einen Pansen verarbeiten, also Kuhmagen. Als wir den hier vorgekocht haben, roch es vier Stunden wie im Kuhstall. Für die Filipinos ist Kare Kare ein Alltagsgericht. Für europäische Geschmacksnerven ist es, sagen wir, eher gewöhnungsbedürftig.

Welche Gerüche waren während der Vorbereitungen die angenehmeren?
Gern hatte ich die in der Nase, die mich an meine Urlaube in Thailand erinnert haben. Mit den Fisch- und Oystersaucen roch es hier gelegentlich wie in den Straßenküchen in Asien. Aber selbst diese Wokgerichte haben einen für Asien untypisch hohen Fettanteil. Schon beim Durchlesen konnte man insgesamt sehen: An Bord solcher Schiffe wird sehr gehaltvoll gekocht. Das ist keine Überraschung. Die Männer arbeiten hart und brauchen Kraft.

Der Raum, in den Röhm eintauchen wird, in diesen Kosmos der Kombüsenmeister, ist wahrscheinlich kleiner als der Arbeitsplatz vieler Schiffsköche. In den vierzehn Jahren, die es den »Heidkrug« schon gibt, hat sich Röhm darin immer weiter ausgedehnt und ihn an seine Bedürfnisse angepasst. Nur der Raum selbst ist nicht mitgewachsen.

Auf einer Seite der Herd mit den acht Gasflammen, darüber ein Regal mit unzähligen verrußten Pfannen. Auf der gegenüberliegenden Seite der Kühlschrank mit dem Fernseher. Es läuft gerade Schalke 04 gegen Bayer Leverkusen. »Ging 2:2 aus«, sagt Röhm. »Ausgleich kurz vor Schluss.« In der Mitte des Raumes die Zeile mit dem Konvektomat, einem professionellen Heißluftofen, und dem Holdomat, dem Warmhaltegerät. Im hinteren Teil die Theke für die Patisserie und die kalte Küche sowie der Spülbereich.

Gern würde Röhm die Geometrie der Küche verändern, um die Laufwege zu optimieren, wie man es in der Fußballersprache ausdrücken würde. Doch Umbauten sind verboten. Wegen des Denkmalschutzes. Das Gebäude, in dem einst ein Brauer die Lüneburger bekocht und mit Bier versorgt hat, wurde zum ersten Mal 1450 urkundlich erwähnt.

Wenn die fünfköpfige Mannschaft vollständig anwesend ist, die an einem normalen Abend dreihundert Kreationen nach draußen schickt, muss deshalb jeder genau wissen, was der andere tut. Andernfalls würden ständig Teller, Töpfe und Pfannen auf den Boden krachen. Aber wenn das Team funktioniert, kommt es auch auf so engem Raum zurecht. Im »Heidkrug« ist das offensichtlich der Fall. »Ich habe schon in mehreren Restaurants gearbeitet«, erzählt Davina Dähn, die für die Patisserie zuständig ist und ihrem Chef an diesem Tag assistiert. »Ich kenne keine Küche, in der ein so gutes Klima herrscht wie in dieser.«

Man merkt das auch an diesem Tag. Jeder zweite von Röhms Sätzen endet mit einem lauten Lachen. Er erteilt keine Befehle, sondern formuliert Bitten. Aber er lässt auch keinen Zweifel daran, dass er von anderen dieselbe Leidenschaft und Professionalität erwartet, die er selbst vorlebt. Röhm legt Wert auf einen freundlichen Ton. Doch am Herd hört die Freundschaft schon mal auf.

Er reißt den ersten Zettel von der Wand, Rezept Nummer 20, Spinatcremesuppe, und trägt die Zutaten vor: gehackter Spinat, Hühnerbrühe, Milch, Sahne, Gewürze. Er kocht den frischen Wasserspinat aus dem Asia-Laden mit Hühnerbrühe, Milch und Sahne auf, rührt die Gewürze unter und püriert das Ganze. »Ein einfaches Gericht für zwischendurch«, sagt er, als er davon kostet. »Daran gibt es nichts auszusetzen. Schmeckt lecker. Man merkt schon bei diesem ersten Gericht, dass die Asiaten einen kräftigen Geschmack lieben.«

Verwendest du keine Rezepte?

Nein, kein einziges. Ich bin Bauchmensch. Außer bei der Patisserie, bei der es auf exakte Mengen ankommt, koche ich nur nach Gefühl.

Nach welchen Maßgaben kochen dann deine Angestellten?

Die Saucen und Fonds koche ich alle selbst. Und die Zutaten, die mein Team zubereitet, schmecke ich immer ab. Das ist der Vorteil eines kleinen Teams.

Wie weißt du, was klappt und was nicht?
Durch Probieren. Und wenn mal etwas schiefgeht, mache ich es beim nächsten Mal eben anders. Mein Restaurantleiter in Berlin sagte, wenn ein Versuch danebenging, als netteste Umschreibung für »Schmeckt furchtbar« immer: »Oh, das ist aber interessant.«

Und dann?
Wegwerfen und von vorne anfangen. Ich probiere grundsätzlich alles, was diese Küche verlässt. Nichts ist schlimmer, als wenn ein Gast sagt: »Das ist ja völlig versalzen.« Oder: »Das schmeckt ja nach gar nichts.« Ich sage auch zu meinen Leuten in der Küche immer: Kontrolliere dich selbst und du vermeidest die meisten Fehler.

In den folgenden Stunden brät, gart und kocht sich Röhm einmal um die ganze Welt. Gerichte wie der Sauerbraten entlocken ihm Erinnerungen an seine Kindheit. Seafood Sinigang oder die Thai-Curry-Suppe lassen ihn im Geiste über eine überfüllte Hauptstraße in Bangkok spazieren. Und bei Spaghetti vongole hat er das Gefühl, vor einer kleinen Taverne auf Sizilien zu sitzen. Und im Hintergrund singt einer »O sole mio«. Den ganzen Tag kommen Freunde durch den Innenhof in die Küche. Halten ein Schwätzchen, gehen nach oben in den ersten Stock, wo der Tisch gedeckt ist, und lassen sich der Reihe nach servieren, was Röhm kocht. Der »Heidkrug« gleicht an diesem Tag einem italienischen Landgasthof.

Es geht bereits auf vier Uhr nachmittags zu, die Geschmacksnerven sind überreizt wie Ohren nach einem Drei-Tage-Open-Air, als Röhm zu Rezept 12 kommt: Kare-kare. Es ist das Gericht, das im Wortsinn eine Grenze überschreitet, zu einer Kultur, die Europäern normalerweise verborgen bleibt.

Sowohl die Köche als auch die Mannschaften stammen in der modernen Handelsschifffahrt größtenteils von den Philippinen. Niemand kann genau erklären, wie es dazu gekommen ist. Filipinos gelten als zuverlässig und fleißig. Außerdem sind viele zumindest mit den Grundbegriffen der englischen Sprache vertraut. Viele Köche kochen an Bord so, wie sie es in ihrer Heimat gelernt haben. Authentisch, unverfälscht, ohne Rücksicht auf den europäischen Geschmack. Und deshalb ganz anders als in hiesigen Asia-Restaurants, wo der Thai-Curry auf der Karte zutreffender mit »Eintopf mit asiatischem Einschlag« beschrieben wäre.

Für die Besatzung der »NYK Vesta«, aus deren Kombüse dieses Rezept stammt, ist Kare-kare ein beliebtes Alltagsgericht. Wie hierzulande Gulasch. Nur eben mit Bananenknospen und Kuhmagen statt mit Paprika und Rindfleisch.

Röhm wirft die Zutaten – den vorgekochten Pansen, das gebratene Rindfleisch, die Erdnussbutter, das Reismehl und die vielen Gewürze – in einen Topf, lässt alles aufkochen und gibt zum Schluss die Bananenknospen hinzu. Als er kostet, verzieht er den Mund. »Das sollte nur kochen, wer seine Gäste mit einer kulinarischen Herausforderung überraschen möchte«, sagt er und lacht. Der Geschmack ist das eine. Das andere die etwas schleimige Konsistenz, für die vor allem die drei Tassen Erdnussbutter verantwortlich sind, die im Rezept angegeben sind. An die hat sich

Röhm genau gehalten. Wahrscheinlich, weil in diesem Fall auch seine Intuition an ihre Grenzen gestoßen ist.

Nach dem letzten Rezept, Huhn in schwarzer Sauce, endet der Tag. »Ich habe noch nie so viel auf einmal gegessen«, sagt er, als er im Innenhof an einer Zigarette zieht.

Wie fällt dein Urteil aus?

Die Gerichte waren deftig, gut gewürzt.

Deine Favoriten?

Besonders gut gefallen hat mir die Ente. Die war ein Knaller. Auch das Estouffade de Boeuf bourguignon war lecker. Insgesamt kann man sagen: Die Köche arbeiten unter besonderen Bedingungen. Sie können sich nur in einem bestimmten Rahmen bewegen. Und sie machen daraus nicht nur das Beste, sondern oft auch etwas sehr Gutes. Bei ihnen würde auch ich mich gern zum Essen hinsetzen.

Was bedeutet dir Essen?

Für mich ist das ein Stück Lebensqualität. Alle sitzen an einem großen Tisch. In der Mitte stehen große Schüsseln, aus denen sich jeder bedienen kann, und ein guter Wein, und dann wird in einer Tour gequasselt. Nicht das Essen steht im Mittelpunkt, sondern das Treffen.

Und liefern die 32 Rezepte dafür eine gute Grundlage?

Ja. Die Gerichte schmecken so, dass man sich dazu gern mit anderen zusammensetzt. Und das ist die Hauptsache.

SURF

KAPITEL 1

MASTER NEXT COD

VON THOMAS DUFFÉ,
AUFGESCHRIEBEN VON
STEFAN KRÜCKEN

Zum Thema Fischgerichte fällt mir eine Episode ein, die auf einem kleinen Küstenmotorschiff spielt, 1978 muss das gewesen sein. Wir brachten Zellulose nach Lissabon und waren in der Biskaya unterwegs. Die See war ruhig, und einem Matrosen kam die Idee, zu angeln. Thunfisch. Der Käpt'n stimmte zu. Unsere »Angel« sah so aus: ein langes Tau, an das wir ein knapp vier Meter langes »Gummiseil« (mit dem wir sonst das Stückgut fixierten) knoteten. Am Gummi befestigten wir ein dünnes Stahlseil und daran den Haken, den es auf jedem Schiff gibt. (Wie die Angelhaken an Bord kommen, ist eines der ungelösten Rätsel der Seefahrt.)

Fische sind zwar ziemlich blöd, aber nicht blöd genug, um in einen nackten Haken zu beißen. Also haben wir ihn mit buntem Flatterband »geschmückt«, damit er appetitlich aussah. Der Alte wurde zum Fischdampferkapitän, fuhr mal langsamer, mal schneller, mal geradeaus und mal in großen Bögen und jedes Mal, wenn er nach Achtern raus schaute und den Koch sah, der sich mit einem Bier in der Hand breitbeinig am Grill postiert hatte, knurrte er leise vor sich hin. Das Unglaubliche geschah: Ein Thunfisch biss an! Sofort Befehl »Maschine stopp!«, Riesenaufregung, der Fisch, knapp anderthalb Meter lang, zappelte an Deck. Keine zwanzig Minuten später schmeckte uns eine der köstlichsten Mahlzeiten, an die ich mich während meiner Zeit auf See erinnern kann. Das frischeste Thunfisch-Steak der Welt.

Manch einer behauptet ja, der Koch sei der wichtigste Mann an Bord, wichtiger noch als der Kapitän. Ich sage: Nein, nein, nein. Der Kapitän ist das Alphatier an Bord, nur der Kapitän sagt, wo es langgeht. Er ist immer verantwortlich. Er ist auch immer schuld. Dass der »Alte« ein Arsch ist, darauf können sich alle verständigen. Aber jeder findet sich zurecht in diesem System, notgedrungen, wenn es nicht anders geht. Der Koch ist auch wichtig, aber anders: Er rührt den Teig, der alles zusammenhält. Die Crew in ihren einzelnen Teilen, alles als Einheit. Dauerhaft schlechtes Essen an Bord untergräbt die Moral jeder Mannschaft. Wenn die kleine Ruhepause, auf die sich jeder freut, wegfällt, wenn die Höhepunkte im oft tristen Bordalltag fehlen, finde ich schon bald die anderen Seeleute doof. Dann finde ich den Käpt'n doof. Und wenn ich die Reederei doof finde, mustere ich ab.

Es läuft ja nicht wie an Land, wo man nach einer schlechten Mahlzeit in einem Restaurant flucht und nie wieder hingeht. Oder die Kantine, über die man schimpft und sich nach Alternativen umsieht. Nein, auf einem Schiff trifft man sich immer wieder. Man mag sich nicht, aber man muss miteinander auskommen. Man kann dann sagen: »Du kannst gar nicht kochen, du bist kein Koch.« Aber der Koch kann nicht antworten: »Dann geh doch weg und iss woanders!« An jedem Abend hockt man zusammen in den Gemeinschaftsräumen, unten, wo der Fernseher flimmert, nebeneinander und beide denken: Scheiße, jetzt muss ich auch noch neben *dem* Fernsehen gucken. Nicht nur einen Tag, auch nicht nur eine Woche und auch nicht nur einen Monat. Sondern ein halbes Jahr lang. Einer bricht irgendwann zusammen. Der Koch ist alleine, denn in der Regel gibt es keinen anderen Koch. Der Matrose aber hat noch 18 Kollegen, denen er andauernd erzählen kann: »Jetzt gehen wir wieder zu dem Koch, der nicht kochen kann. Schmeckt dir das auch nicht? Ach, dann probier mal!«

Der Koch genießt in der Regel auch einen besonderen Status an Bord. Er gehört nirgendwo dazu. Nicht zu den Offizieren, nicht zur Mannschaft. Die Kombüse ist sein Hoheitsgebiet, das selbst der Käpt'n eigentlich nie betritt. Man muss fragen, ob man hineindarf, wie auf der Brücke. Geht der Käpt'n in die Kombüse, ist das selten ein gutes Zeichen für den Koch.

Auch in den Chefetagen der Reedereien ist inzwischen angekommen, wie wichtig das Essen an Bord der Containerschiffe ist, die wie Busse nach einem festen Fahrplan über die Meere rauschen. Früher war es beinahe eine Art Wettbewerb, an der Verpflegung für die Mannschaften zu sparen. Auf den Segelschiffen Anfang des 20. Jahrhunderts bestanden die Mahlzeiten aus gruseligem Salzfleisch, das die Mannschaften ohne Umschweife »Salted Horse« nannten, gesalzenes Pferd. Noch in den späten Achtzigerjahren gab es einen Versuch, ein Schiff mit einem Satz Mikrowellen und einem Haufen Fertiggerichte zu fahren. Man brach den Versuch nach wenigen Wochen ab, weil eine Meuterei kurz bevorstand. Heutzutage legt man Wert auf ausgewogene Ernährung – und selbst Finessen sind erlaubt.

»Master next God«, den Meister neben Gott, so nennt man den Kapitän. Wenn das so ist, dann handelt es sich beim Schiffskoch um den »Master next Cod.« Den Kabeljau bitte in Butter zerlassen und mit Petersilie serviert.

Lesen Sie im Folgenden von den Fischgerichten aus der Bordkombüse.

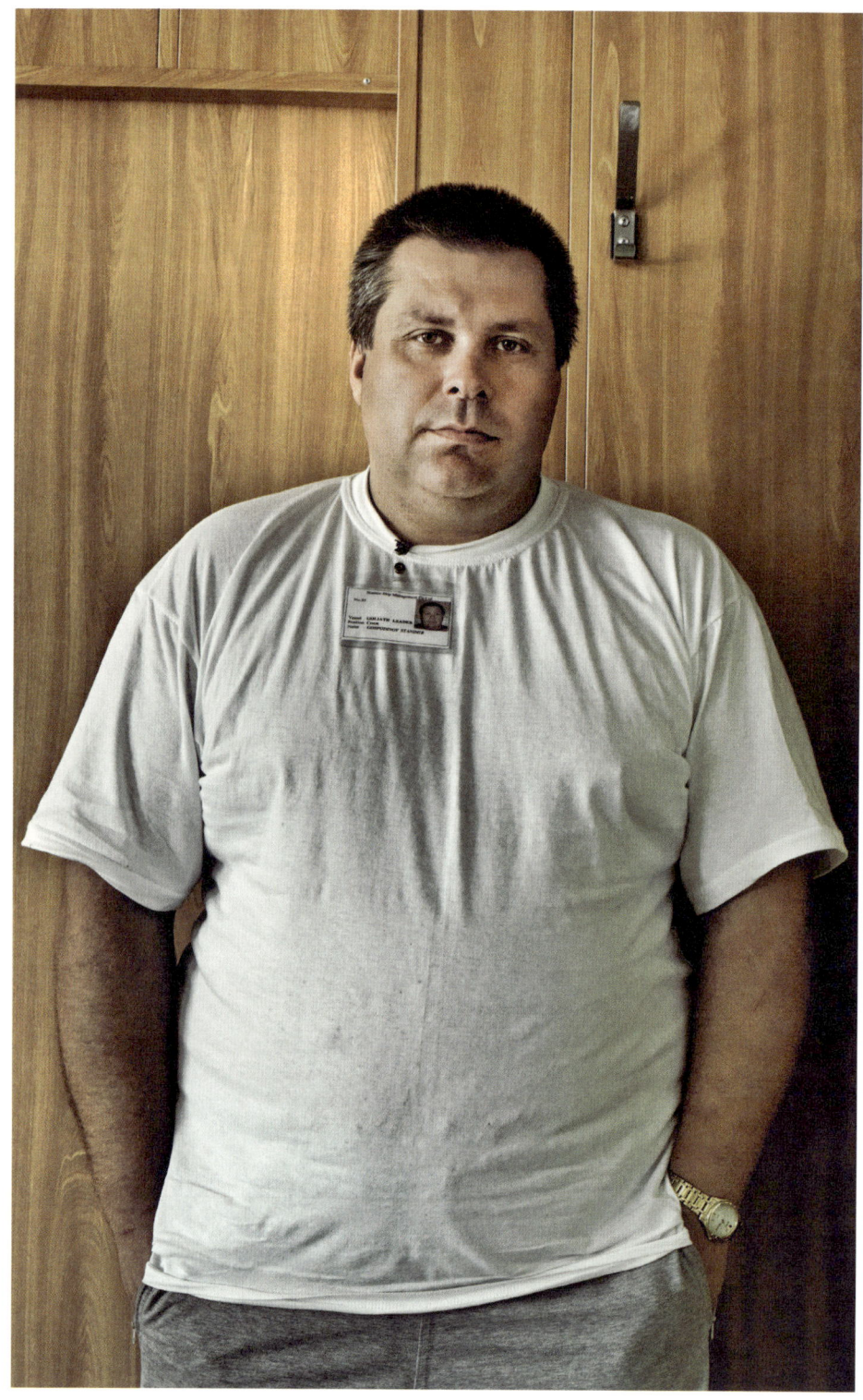

EIN LEBEN NACH SEINEM GESCHMACK

STANIMIR IVANOV GOSPODINOV

Was einen guten Schiffskoch ausmacht? Für Stanimir Gospodinow ist es nicht die Fähigkeit, Speisen so zuzubereiten, dass man sie gern isst. Das ist für ihn eine Selbstverständlichkeit.

»Ein Koch muss ein Gespür haben für die Stimmung innerhalb einer Mannschaft«, sagt er. Er sei wie ein Artist, der die Balance finden müsse: einerseits unbeirrt darüber bestimmen, was in seinen Kochtopf kommt – und andererseits Zugeständnisse an die Bedürfnisse der hungrigen Belegschaft an Bord machen. Der Zweimetermann Gospodinow macht nicht den Eindruck, als hätte ihn diese Herausforderung jemals nervös gemacht. Unbekanntes Terrain hat ihm nie Ehrfurcht eingeflößt. Angst zu scheitern? Kennt er nicht. Sonst hätte er gleich an Land bleiben können.

Als der Bulgare im Jahr 1994 auf seinem ersten Dampfer anheuerte, sprach er kein Wort Englisch. Keine große Sache, findet er. Wer neugierig ist und aufmerksam, außerdem die richtigen Fragen stellt und nicht zögert, das Gelernte sofort anzuwenden, kommt schnell zurecht. Ob an Land, auf See – und erst recht am Herd.

Seine Philosophie ist einfach und frei von jedem Selbstzweifel. »Jeder kann zu mir kommen, wenn ihm das Essen nicht schmeckt«, sagt er, lächelt und macht nicht den Anschein, als ob man mit ihm stundenlang über die Menüfolge diskutieren sollte. Natürlich, sagt er mit Bedacht, auf einem Containerschiff versammeln sich heute Männer aus den unterschiedlichsten Kulturkreisen. »Darauf nehme ich natürlich Rücksicht.« Aber jeder möge sich doch bitte ein bisschen anpassen, das mache er schließlich auch.

Als Schiffskoch hat er den für sich perfekten Job gefunden. Anstrengende Arbeit, lange Tage. An Bord verbringt er pro Jahr sechs bis acht Monate, in der Zeit verdient er mehr Geld, als er in Bulgarien in zwölf Monaten hereinholen könnte. Umso entspannter verbringt er die Zeit daheim mit seiner Lieblingsbeschäftigung: Er setzt sich in sein Stammcafé und schaut den Landsleuten beim Arbeiten zu. Dann verläuft das Leben einmal ganz nach seinem Geschmack.

STANIMIR IVANOV GOSPODINOV

Bulgarien
Geb. 1972 / Schiffskoch seit 1994 / an Bord der »NYK Goliath Leader«

SHRIMPS
IN SÜSSSAURER SAUCE

Zutaten:

Für 4 Personen

800 g gesäuberte	Shrimps
1 Flasche	Ketchup
2	Zwiebeln
4 Zehen	Knoblauch
	Salz und Pfeffer

Wenn man die Shrimps so zubereitet, wie es hier beschrieben wird, sind sie völlig übergart. Ich würde es anders machen: Die Shrimps kurz anbraten, aus der Pfanne nehmen und, wenn der Ketchup so weit ist, die Shrimps reinschmeißen, einmal durchschwenken und fertig. So bleiben sie zart.

Zubereitung

1. Die Shrimps von den Schalen lösen, dabei aber darauf achten, dass der Schwanz intakt bleibt
2. Die Shrimps zusammen mit Zwiebeln, Knoblauch, Salz und Pfeffer anbraten
3. Wenn die Shrimps so weit sind, eine Flasche Ketchup zugeben und warten, bis der Ketchup karamellisiert ist
4. Mit Reis oder abgeschreckten Nudeln servieren

Nicht enttäuscht sein, wenn der Ketchup nicht karamellisiert. Wenn man Spaß am Kochen hat, kommt trotzdem etwas Schmackhaftes heraus.

Ich empfehle 50 Gramm trockenen Reis pro Person.

DER PULSGEBER

EMERICO
P. CRUZADO

Ein Containerschiff wie die »MV Kuwana«, 174 Meter lang, ist ein komplexer Organismus. Schließlich muss ein solcher Koloss binnen weniger Stunden in jedem Hafen der Welt ent- und beladen werden. Tief drinnen in diesem Hochleistungskörper schlägt das Herz, die Galley. Und der Schiffskoch ist der Pulsgeber.

Emerico Cruzado, erst seit einem Jahr Chiefcook, hat diese Anforderung der modernen Frachtschifffahrt verinnerlicht: Er hat seine Küche zu einer kleinen Dienstleistungsabteilung geformt. Im Gegensatz zu manch älteren Kollegen setzt er auf straffe Organisation und steht nicht wie ein Patriarch am Herd, der die Küchencrew die Löffel polieren lässt. Er leitet seine Leute an und fordert sie heraus, denn sonst sind sie ihm keine Hilfe. Cruzado predigt: »Eine gute Struktur in der Kombüse erleichtert nicht nur die Arbeit, sondern verbessert auch die Qualität des Essens.«

Seine Crew quält der Filipino bisweilen mit seiner Detailversessenheit, aber die Mannschaft an Bord profitiert davon. Die Messe ist der einzige Ort, an dem sich die Männer regelmäßig begegnen. Die Zeit bei Tisch ist kostbar, sie will bestmöglich genutzt sein. Vom Chiefcook erwartet deshalb jeder, vom Matrosen bis zum Maschinisten, dass er die Essenszeiten peinlich genau einhält.

Genauso konsequent optimiert Cruzado seine Speisepläne. Er registriert die persönlichen Vorlieben der Besatzung, er kennt religiöse Besonderheiten, Unverträglichkeiten und Allergien. Es ist nicht übertrieben, wenn man sagt: Cruzados Küche pumpt. Und pumpt. Und pumpt.

EMERICO P. CRUZADO

Republik der Philippinen
Geb. 1976 / Schiffskoch seit 2010 / an Bord der »MV Kuwana«

SEAFOOD
SINIGANG

Tipp

Zutaten:

400 g Tomaten

80 g Zwiebeln

6 Garnelen zu je 50 g

500 g Makrelensteak

150 g weißer Rettich

10 Sitaw (Spargelbohnen)

150 g Kangkong (Wasserspinat)

1,6 l Wasser von gewaschenem Reis

3 bis 4 EL Extrakt einer unreifen Tamarinde oder

40 bis 60 g Tamarindenpulver

2 grüne Chilischoten

1 EL Salz oder 1 EL Patis (Fischsauce)

Vorbereitung:

1. Die Tomaten vierteln

2. Die Zwiebeln schälen und vierteln

3. Die Garnelen waschen und entdarmen, die Schalen aber nicht ablösen

4. Die Makrele in 2,5 große Stücke schneiden

5. Den Rettich sorgfältig schälen und diagonal in 1 Zentimeter breite, gleichmäßige Stücke schneiden

6. Die Bohnen in 8 Zentimeter lange Stücke schneiden

7. Beim Wasserspinat die kleinen Blätter mit schmalen Stielen auswählen, die mit den dickeren aussortieren. Gründlich waschen

Zubereitung:

Zunächst habe ich den Kopf geschüttelt. Ich habe noch nie gehört, dass man das Wasser, mit dem man den Reis gewaschen hat, verwendet, um daraus eine Suppe zu kochen. Nach längerem Nachdenken habe ich dann aber verstanden: Die Stärke gibt dem Wasser eine leichte Bindung.

1. Das Reiswasser in einen großen Topf geben. Zwiebeln und Tomaten zugeben und bei mittlerer Hitze aufkochen

2. Die Garnelen zugeben und etwa zwei Minuten lang kochen lassen

3. Die Garnelen aus dem Topf holen und schälen, sobald sie sich abgekühlt haben. Kopf und Schwanz intakt lassen. Zur Seite legen

4. Rettich und Bohnen zufügen und kochen lassen, bis sie weich, aber die Bohnen immer noch grün sind

5. Das Gemüse aus der Suppe entfernen und den Topf anschließend von der Platte nehmen

6. Kurz bevor das Essen serviert werden soll, die Suppe wieder zum Kochen bringen, Makrele, Rettich, Bohnen und Wasserspinat zufügen.

Die Sauce gibt dem Gericht einen sehr eigenen Geschmack. Aber der ist wahrlich nicht meiner.

7. Mit Fischsauce oder Salz abschmecken, köcheln lassen

8. Den Tamarindextrakt bzw. das Tamarindenpulver und die Chilischoten hinzufügen

9. Kurz vor dem Servieren die Garnelen in den Topf werfen

CHARLY BEHRENSEN

SCHOLLE, LUNGENKRANK

Die geheime Kunst des Plattfisch-Bratens. Kuchen, der Panzer schützen könnte, und Portugiesen,
die nichts essen, ohne Wein zu trinken. Als junger Mann heuerte Charly Behrensen auf einem
Fischkutter an und landete in der Kombüse. Später als Kapitän musste er selbst
den Schiffskoch im Auge behalten.

Aufgeschrieben von Bastian Schlange

Wenn ich meine Arme ausbreitete, konnte ich beide Wände berühren, so klein war die
Kombüse. Ich war fünfzehn, Jüngster an Bord, der Moses auf der »Präsident Freiherr von
Maltzahn«: Der Name hätte einem Kreuzer der kaiserlichen Flotte gehören können, tatsächlich
war es nur ein Fischkutter aus Cuxhaven. Der kleine, weiße Kohlenofen, an dem ich täglich
die Mahlzeiten zubereiten sollte, stand in der Spitze des engen Bugs. Das Ofenrohr ging nach
oben weg, zwei kleine Schränke mit Gewürzen und Mehl drückten sich nach Back- und Steuerbord
an die Planken. Ich beobachtete die Schollen, die im dampfenden Fett der großen Gusspfanne
schwammen. Damit bei schwerem Seegang nichts danebenging, hatten die Pfannen an Bord
besonders hohe Ränder. Wie ein Seeadler ließ ich den Fisch keinen Moment aus den Augen.
Ich nahm den Pfannenwender in die Hand und versuchte vorsichtig, eine Scholle umzudrehen.
Sie blieb am Boden kleben.

»Lungenkrank, schon wieder!«, schoss es mir durch den Kopf. Ich fluchte und überlegte, wie
ich den Unfall rasch verschwinden lassen konnte. Ich kratzte die Scholle aus der Pfanne und
entsorgte sie in einem kleinen Ascheeimer für Küchenreste, der regelmäßig über Bord gekippt
wurde. Jeden Fisch, der wegen mir »lungenkrank« wurde, musste ich essen, das war die Regel.
»Lungenkrank« war ein Wort, das sich Kapitän Johnny Lohse ausgedacht hatte, weil er nicht
»hautkrank« sagen wollte. Ihm war vielleicht nichts Besseres eingefallen.

Eigentlich ist das Geheimnis, eine Scholle richtig zu braten, ganz einfach: Der Fisch muss
kräftig in Mehl gewälzt werden und das Fett dampfend heiß sein, dann reißt auch keine Haut ein
oder bleibt in der Pfanne kleben. Für Lohse Ehrensache. Ein Koch, der etwas auf sich hält, serviert

auch keine geplatzten Eier zum Frühstück, hieß es immer. Ich briet in der winzigen Kombüse für die fünf Mann Besatzung unseres Kutters. Am 1. April 1954 hatte ich angeheuert. Kapitän Lohse war ein strenger Mann, aber einer der besten Seemänner, die ich in meinem Leben kennengelernt habe. Der berühmteste einer langen Reihe von Kapitänen aus seiner Familie und Vorsitzender des Fischereiverbandes in Cuxhaven. »Wenn du bei ihm gefahren bist, wirst du was«, raunten die Seemänner vor ihren Bieren in den Kneipen am Hafen.

Auch meinen Brüdern und mir lag die Fischerei im Blut. Wir traten das Erbe von drei Generationen an. 1952 hatte der Älteste von uns sein Kapitänspatent gemacht – mit vierundzwanzig Jahren! Ich wollte es mindestens genauso schnell schaffen wie er. Auf der »Präsident Freiherr von Maltzahn« lernte ich das Handwerk der Seefahrt und bekochte nebenher in unserer kleinen Klitsche die Mannschaft. Zum Glück fingen wir während unserer Touren auf der Nordsee genug Schollen und es fiel nicht auf, wenn ich einige verschwinden ließ. Dennoch hat Lohses Seemannspädagogik bis heute ihre Spuren hinterlassen: Gehe ich mit meiner Frau in ein Restaurant essen und wir bestellen Scholle, warnt sie den Kellner vor: »Aber nur, wenn ihre nicht ›lungenkrank‹ sind. Die mag mein Mann nicht.« Wenn er irritiert nachfragt, was sie denn meine, und sie ihm erklärt, dass die Haut nicht kaputt sein dürfe, heißt es immer nur: »Natürlich nicht, das ist ja wohl Ehrensache.«

Mit fünfundzwanzig Jahren wurde ich Kapitän – ein Jahr später als mein großer Bruder. Mit einem eigenen Schiff und einer Mannschaft, die ich zu führen hatte, begann ich die harten Regeln von Johnny Lohse zu verstehen. Seemänner haben Nerven wie Drahtseile, doch sollte man sie nicht endlos strapazieren. Jede Fahrt bleibt ein Balanceakt ohne Rettungsnetz, bei dem ein falscher Schritt alle mit nach unten reißt. Auf meinem Trawler, der »Stuttgart«, kochte für uns ein guter Mann, der allerdings zwei schwerwiegende Probleme mitbrachte: Kuchen und Fisch. Er servierte keinen Fisch. Ein Schiffskoch auf einem Kutter voller Fischer, der auf den frischen Fang verzichtet, ist wie eine Jukebox ohne Shanty-Musik in einer alten Hafenkneipe. Er ruiniert die Stimmung.

Viermal am Tag hätte unser Koch Scholle, Dorsch oder Matjes servieren können, er wäre jedes Mal von unseren Jungs geliebt worden. Stattdessen setzte er uns über Wochen hinweg Hausmannskost vor: Eier, Würstchen und zur Krönung der Provokation labbrigen Fisch aus dem Ofen. Der Mann hätte genauso vergeblich versuchen können, echte Spiegeleier in der Röhre zu backen. Meine Jungs wollten knusprige Filets – und zwar aus der Pfanne! Als ich die ersten Anzeichen einer drohenden Lynchaktion bemerkte, verpflichtete ich unseren Küchenchef zu Kochkursen an Land.

Sein Fisch schmeckte danach besser, doch die Kuchenkatastrophe beseitigte das nicht. Der Donnerstag ist nach einem alten Brauch der Seemannssonntag an Bord, schon seit Jahrhunderten ist das so. An diesem Tag wird besonders gut gegessen. Unser Koch buk zum Frühstück frische Brötchen und schlug Eier in die Pfanne. Mittags stand etwas Deftiges auf der Speisekarte – man sagt, am Donnerstag essen zehntausend deutsche Seeleute Schweinebraten mit Rotkohl. Und nachmittags folgten Kaffee und Kuchen. Was auf dem Essensplan steht, wird in der Kombüse oft frei interpretiert. Die Butterkuchen, die uns der Koch auftischte, nannten wir an Bord »Panzerplatte«. Sie gerieten stets so hart, dass man damit Schädel hätte einschlagen können.

Für die Portugiesen hatten wir damals eine eigene kleine Küche an Bord gebaut. Dort konnten sie außerhalb der Essenszeiten ihre Spezialitäten kochen, womit sie frischen Wind in unsere Kombüse brachten. Besonders ihre Salzfische waren begehrt. Nach 1963, nach Wirtschaftswunder und Vollbeschäftigung, fehlten uns Arbeiter an Bord und in den Fischfabriken. Fast die Hälfte der Mannschaft bestand damals aus Portugiesen. Anfangs heuerten nur Seeleute an. Doch als sich herumsprach, dass man in der deutschen Fischerei gutes Geld verdiente, brachten sie ihre Verwandten aus Portugal mit. Die Mannschaft entwickelte sich zu einem Sammelsurium der verschiedensten Berufe. Der eine war Totengräber, der andere Friseur. Wir waren ein zusammengewürfelter Haufen, aber immer gut frisiert.

Einzig ihre Mentalität machte uns zu schaffen. Meine Jungs waren hart im Nehmen und arbeiteten, bis sie umfielen. Ritzte sich dagegen einer der Portugiesen in den Finger, kippten drei Mann von ihnen gleichzeitig um. Zum Glück dauerte es nicht lange, bis sie sich anpassten und die Zähne zusammenbissen. Außerdem half der Rotwein, den wir in der Messe einführten, sie bei Laune zu halten. Die Portugiesen aßen nichts, ohne ein Glas Wein zu trinken. Als unsere Jungs das sahen, forderten sie Bier. Ich ließ auch das mitnehmen. Noch heute vertrete ich die Ansicht, dass ein Glas Bier oder ein Schnaps wie Öl im Getriebe jeder Mannschaft wirkt. Nur besoffen durfte nicht gearbeitet werden. Das galt für alle! Sah ich, dass jemand langsamer und ungeschickter an den Netzen oder Maschinen hantierte, nahm ich den Jungen zur Seite und ließ einen »Grölermann« los. Als Kapitän muss man seine Jungs im Griff haben. Das geht manchmal mit Rotwein und Bier, manchmal mit Geschrei und manchmal mit dem passenden Kochkurs.

CHARLY BEHRENSEN

Jahrgang 1938, stammt aus einer Fischerfamilie aus Cuxhaven. Sein Großvater, sein Vater und drei Brüder fuhren ebenfalls zur See. Dreiundvierzig Jahre verbrachte er auf dem Meer. Er hat fünf Kinder, einen Sohn und vier Töchter, und lebt in Cuxhaven. Die »Präsident Freiherr von Maltzahn« liegt mittlerweile restauriert in Hamburg am Museumshafen Oevelgönne, wo Behrensen sie noch immer gern besucht.

WICHTIGE SICHERHEITSHINWEISE

RANDEU G. MANILA

Randeu Manila ist keiner, den eine Reederei leichtfertig ziehen lässt. Seit 2006 arbeitet er als Schiffskoch, das Engagement auf der »NYK Arcadia« ist erst seine zweite Station als Alleinverantwortlicher in sechs Jahren. Das spricht eindeutig für ihn. Denn die Reedereien wissen um die zentrale Bedeutung seiner Position für das Klima an Bord. Die Verantwortlichen lassen die Crew regelmäßig Bewertungsbögen ausfüllen. Und sie holen Empfehlungen anderer Köche ein. Danach entscheiden sie, wem sie die Galley überlassen. Und erst wenn sie das sichere Gefühl haben, dass ein Bewerber seiner Verantwortung wirklich gerecht wird, kommt er zum Einsatz. Manila hat diese Hürde locker genommen.

Dabei trieb den ruhigen Mann weniger die Leidenschaft fürs Kochen an den Herd, sondern die Gewissheit: »Mein Job ist einer der sichersten an Bord – wenn ich ihn gut mache.« Dem technologischen Fortschritt und dem unerbittlichen globalen Wettbewerb fallen immer mehr Stellen an Bord zum Opfer. Die Mannschaften schrumpfen seit Jahrzehnten. Nur die Position des Kochs lässt sich nicht einsparen, ist Manila überzeugt. Es wäre gerade so, als würde die Reederei ein Containerschiff aus Kostengründen ohne Treibstoff losschicken.

Der Arbeitsplatz ist also recht sicher. Jetzt liegt es an Manila, diesen Platz besetzt zu halten. Deshalb, Entschuldigung Freunde, ist die Kombüsenplauderei über die Unverzichtbarkeit des Schiffskochs jetzt beendet. Manila muss sich ums Mittagessen kümmern.

RANDEU G. MANILA

Republik der Philippinen
Geb. 1971 / Schiffskoch seit 2006 / an Bord der »NYK Arcadia«

SHRIMP-PASTA
MIT GEBRATENEM THUNFISCHSTEAK

Tipp

Zutaten:

Für 4 Personen

Ein Rezept, bei man nichts
falsch machen kann.
Man könnte sagen: Es ist
die italienische Antwort
auf die Wok-Gerichte.
Auf den Speck könnte ich
aber verzichten.

80 g Nudeln pro Person
im Trockenzustand

150 g	Shrimps ohne Schale
50 g	fein gewürfelter Speck
1 gewürfelte	Zwiebel
2 EL	Petersilie, fein gehackt
60 ml	Weißwein
	Nudeln
	Salz und Pfeffer
4 à 120 g	Thunfischsteaks

Zubereitung

Die Steaks 30 Sekunden
pro Seite anbraten.

Alle Zutaten zusammen anbraten und unter die gekochten
Nudeln mischen

SOUL-KOMBÜSE

ALANO LUMANAO

Die Stimmung an Bord der »MV Barmbek« sei ausgezeichnet, dafür zu sorgen sei schließlich seine Kernaufgabe. »Richtig harmonisch geht's zu, würde ich sagen. Schau her.« Alano Lumanao holt seine kleine Videokamera hervor, die Vorfreude strahlt aus seinem Gesicht, er spielt einen Clip von der letzten Weihnachtsfeier ab.

Im Zentrum ein Plastikbaum mit einer blinkenden Lichterkette, der Raum feierlich geschmückt mit Goldgirlanden, im Hintergrund läuft Weihnachtsmusik und die Mannschaft bedient sich fröhlich am reichhaltigen Buffet, das Lumanao aufgefahren hat.

In solchen Momenten spürt Lumanao, dass er Anfang der Neunzigerjahre den idealen Job gefunden hat. Er geht darin auf, sich um das Wohlergehen jedes Einzelnen in der Crew zu kümmern. Er spricht mit jedem, ist jederzeit erreichbar und hat auch für Sonderwünsche stets ein offenes Ohr.

Die Lumanao-Atmosphäre ist weit über seinen direkten Einflussbereich hinaus zu spüren. Überall an Bord herrscht ein freundlicher und angenehmer Ton.

Der Clip ist vorüber, Lumanao greift zum Stift und notiert aus dem Kopf sein Lieblingsrezept. Plötzlich beendet er das Gespräch, er wirkt abwesend. Vermutlich heckt er gerade das nächste Buffet aus.

ALANO LUMANAO

Republik der Philippinen
Geb. 1968 / Schiffskoch seit 1993 / an Bord der »MV Bambek«

LACHS
EN PAPILOTTE
MIT BASILIKUMBUTTER

Tipp

Zutaten:

Für 4 bis 6 Personen

Papilotte heißt
ein Rezept immer,
wenn etwas luftdicht
eingeschlossen ist.
Dadurch gart das Gericht
in seinem eigenen Dampf.
Es ist eine moderne Art
zu garen. In diesem Fall
bringt sie den Geschmack
des Lachses voll zur
Entfaltung.

Für die Butter

15 frische Basilikumblätter

3 Knoblauchzehen

¼ EL Cayennepfeffer

Einige Tropfen Zitronensaft

Salz und weißer Pfeffer

Für die Lachssteaks

4 Lachssteaks

125 Gramm Basilikumbutter

8 Tomatenscheiben

4 Zitronenscheiben

4 Lorbeerblätter

Salz, Pfeffer, Paprika

Die Zitronenscheiben
haben nur den Zweck,
den Zitrusgeschmack an
den Lachs abzugeben. Die
nimmt man vor dem Essen
dann runter.

Zubereitung:

1. Für die Basilikumbutter Basilikum und Knoblauch in einer Küchenmaschine mixen

2. Die restlichen Zutaten unterrühren und mit abschmecken

3. In der Zwischenzeit den Ofen auf mittlerer Temperatur vorheizen

4. Die Lachssteaks auf doppellagig ausgelegter Aluminiumfolie auslegen

5. Auf jedem Steak einen Löffel der Basilikumbutter verteilen

6. Die Tomatenscheiben auf die Steaks legen

7. Zuletzt die Zitronenscheiben und Lorbeerblätter darauflegen

8. Die Alufolie verschließen und die Steaks 25 bis 30 Minuten im Ofen lassen

Gut gemacht, da gibt's
nichts zu hupen.

STEVE HELLER

KLARMACHEN ZUM DURCHLÜFTEN!

Er dachte, er würde der Mannschaft eine Freude machen, als er den Lammbraten in den Ofen schob. Doch schon nach ein paar Minuten wurde Steve Heller klar, dass auf einem U-Boot andere Gesetze gelten als an der Oberfläche.

Es war während einer meiner ersten Touren, als mir der größte Fehler an Bord des »U16« unterlief. Ich hatte Lammbraten eingekauft und freute mich sehr darauf. Mir schmeckt Lamm, und ich war überzeugt, dass mir auch die Mannschaft dankbar sein würde. Tag für Tag stand Fleisch auf dem Speiseplan. Schwein, Rind, in allen erdenklichen Zubereitungsformen. Dazu Gemüse, Nudeln, Kartoffeln oder Reis. Ein schönes Stück Lamm bedeutete da eine willkommene Abwechslung.

Der Braten war keine zehn Minuten im Ofen, als der Unteroffizier hinter einem der beiden Vorhänge auftauchte. Die trennen die Kombüse, die im vorderen Drittel liegt, zu beiden Seiten von den anderen Bereichen des Boots. »Was stinkt da so, Smut?«, fragte er mich entsetzt. »Na, Lammbraten«, antwortete ich voller Stolz. Doch im Gegensatz zu mir empfanden die Kameraden den Geruch, der sich in dem 49 Meter langen U-Boot verteilte, nicht als Duft, sondern als Gestank. Kurz darauf stürzte der Kommandant in die Kombüse. Er rief: »Smut, um Gottes willen, was machst du?« Schnell wurde ihm klar, dass die Situation so ernst war, dass er zum Äußersten greifen musste. Er rannte in die Operationszentrale und gab den Befehl aus: »Alles klarmachen zum Auftauchen!« Als wir an der Wasseroberfläche angekommen waren, wurde das U-Boot sofort durchgelüftet. Erst nach dem Essen tauchten wir wieder ab. Lamm gab es von da an nur noch bei mir zu Hause.

Als ich ein Jahr vor dieser Episode die Nachricht erhielt, dass ich als Koch auf einem U-Boot anfangen sollte, war mein erster Gedanke: »Ach du je.« Mit zwanzig Jahren hatte ich eine Kochausbildung absolviert, danach wurde ich zum Grundwehrdienst eingezogen. Ich war beim Flottenkommando in Flensburg als Funker stationiert. In dieser Zeit sahen wir uns einmal ein U-Boot von innen an. Ich interessierte mich natürlich besonders für die Kombüse. Sie war 0,8 Quadratmeter groß, das habe ich mir gemerkt. Auf der einen Seite drei Kochplatten, auf der anderen Seite ein Kühlschrank und ein Backofen, gerade mal doppelt so groß wie ein Handschuhfach. Und mit dieser Ausstattung sollte man bis zu achtundzwanzig Mann versorgen können?

Weil ich mir irgendwann in den Kopf gesetzt hatte, zur See zu fahren, verpflichtete ich mich für acht Jahre. »Alles klar«, sagten meine Vorgesetzten nach meiner Unterschrift, »auf U-Booten werden gerade Köche gesucht.« Mit vierundzwanzig brach ich zu meiner ersten U-Boot-Reise auf. So anstrengend hatten sich meine Kollegen und ich die einjährige Ausbildung zum U-Boot-Smut nicht vorgestellt. Nach eineinhalb Jahren waren von fünf Anfängern nur noch zwei übrig. Einer davon war ich.

Als Koch auf einem U-Boot ist man neben dem Kommandanten und dem schiffstechnischen Offizier einer der drei so genannten Dauerwächter. Das bedeutet, man ist vierundzwanzig Stunden im Dienst und muss sich seinen Schlaf zusammenklauben. Nicht nur an einem oder zwei Tagen, sondern die ganze Zeit, während das Schiff unterwegs ist. Längere Pausen gibt es nur, wenn das Schiff an der Pier im Hafen oder in der Werft liegt. Die konnten dafür auch mal ein bis eineinhalb Monate dauern.

Ein typischer Arbeitstag begann für mich zwischen vier und vier Uhr dreißig mit den Vorbereitungen des Frühstücks. Es gab Kaffee und Brötchen. Entweder die frischen, die wir mit an Bord genommen hatten, oder selbst gebackene aus Teig, den ich in der Nacht davor angesetzt hatte. Sobald danach die Kombüse aufgeräumt war, konnte ich mich eine Stunde lang hinlegen. Dann Mittagessen. Zwischen dreizehn und fünfzehn Uhr wieder ins Bett. Anschließend Kaffeepause. Zwischen siebzehn und neunzehn Uhr Abendessen in zwei Schichten: einmal für diejenigen, die danach Dienst hatten, und einmal für diejenigen, die von der Wache kamen. Pause von zwanzig bis dreiundzwanzig Uhr. Die nutzte ich aber oft, um mit den Kollegen ein Feierabendbier zu trinken. Um Mitternacht kümmerte ich mich dann um die Mahlzeit für den so genannten Mittelwächter. So heißt der nächtliche Wachwechsel, zu dem es meistens nur eine Kleinigkeit gab: Pizza, Nudeln mit Tomatensauce oder Toast Hawaii. Zum Schluss die Vorbereitungen für den nächsten Tag und wieder ins Bett.

Es dauert lange, bis sich der Körper an diesen Rhythmus gewöhnt. Ich kann mich noch gut daran erinnern, wie wir nach den ersten dreieinhalb Monaten zu unserem Stützpunkt zurückkehrten und meine Oma, mein Vater und meine Freundin auf die Pier kamen. Sie erkannten mich fast nicht wieder, so ausgemergelt sah ich aus. Vor lauter Müdigkeit konnte ich meine Augen kaum noch offenhalten.

Ich war beileibe nicht der Einzige, dessen Körper sich unter den Strapazen veränderte. Bei den anderen war aber weniger der Schlafmangel schuld als vielmehr meine Küche: Sie nahmen ordentlich zu. Ich versuchte so gut es ging auf die Wünsche der Männer einzugehen, für die ich kochte. Das hieß in erster Linie, dass alles, was die Kombüse verließ, deftig sein musste: gut gewürzt, viel Zwiebeln, ordentlich Knoblauch. Es hieß aber auch, dass ich bei der Zusammenstellung des Speiseplans darauf Rücksicht nahm, was den Leuten schmeckte. In manchen Tauchphasen waren wir für mehr als zwei Wochen unter Wasser. Den Lichtmangel kann man mit Essen nicht ausgleichen. Aber man kann versuchen, gegen die schlechte Laune anzukochen, die ab einem bestimmten Zeitpunkt zwangsläufig aufkommt. Also backte ich oft Kuchen für die Kaffeepause oder schob für den Mittelwächter Pizza in den Ofen.

Einmal kam mein Kommandant zu mir und sagte, dass er zum Frühstück am nächsten Morgen nichts außer Kaffee brauchen würde. Als ich aufstand, sah ich, warum. Direkt vor dem Schlafengehen hatte er den Teller mit den Pizzastücken leer gegessen. Am Ende dieser Tour brachte er fünfzehn Kilogramm mehr auf die Waage. Und der Heizer, nebenbei Rettungsschwimmer, bekam den Reißverschluss seines Anzugs nicht mehr zu.

Es war allerdings kaum möglich, die Qualität des Essens eine ganze Reise hindurch aufrechtzuerhalten. Weil auf einem U-Boot jeder Quadratzentimeter genutzt wird, blieb für viele Lebensmittel nur in den Lücken zwischen den Torpedos oder in Netzen, die unter der Decke hingen, Platz. Das sieht heute noch kaum anders aus als in »Das Boot«, dem Spielfilm von Wolfgang Petersen. Auch bei uns baumelten von den Wasserleitungen Schinken und Bananen in der Luft. Zwischen den Torpedos lagerten Milch und Käse, weil es dort schön kühl ist. Und die Konserven und die Backmischungen für den Kuchen lagen in Metallkisten unter den Betten.

Am Anfang konnte ich immer aus dem Vollen schöpfen. Ich verkochte zunächst, was nicht lange hielt. In einem U-Boot kann es bis zu fünfundvierzig Grad heiß werden, bei einer Luftfeuchtigkeit von neunzig Prozent. Also gab es in den ersten Tagen Senfeier, frisches Obst und Brot. Nach fünf Tagen musste ich mit dem Backen beginnen, und gegen Ende eines Tauchgangs konnte ich nur mit dem arbeiten, was noch übrig war: Fleisch aus der Tiefkühltruhe, Tomaten aus der Dose und ab und zu Kompott aus Konservenfrüchten. Wenn jemand partout auf Rührei bestand, rührte ich aus Trockenei und Wasser eine Pampe zusammen. Aber man konnte sie gar nicht so viel würzen, dass sie genießbar geworden wäre.

Es erfordert einiges an Kreativität, unter diesen Bedingungen etwas Essbares herzustellen. In dieser Zeit habe ich deshalb eine Regel verinnerlicht, an die ich mich bis heute halte, sowohl beruflich als auch privat. Viel spannender als aus Kochbüchern zu kochen, ist es, wenn man sich fragt, was man noch auf Vorrat hat, und dann alles, das zusammenpassen könnte, in einen Topf schmeißt. Das kann natürlich auch mal schiefgehen. Aber diese Art zu kochen finde ich viel interessanter. Meine Erfahrung ist: Es schmeckt eigentlich immer, und die Leute danken es einem.

Als meine Dienstzeit auf ihr Ende zusteuerte, wurde mir immer klarer, dass ich nicht verlängern würde. Allein nach den Seemeilen hatte ich in fünfeinhalb Jahren einmal die Welt umrundet. Ich war einfach durch.

Trotzdem erinnere ich mich gern an diese Zeit. Manchmal tauchen einzelne Bilder noch in meinen Träumen auf.

STEVE HELLER

Jahrgang 1979, arbeitete als junger Mann zwischen vierund-
zwanzig und neunundzwanzig als Koch auf einem U-Boot der
Bundeswehr. Anschließend absolvierte er Fortbildungen zum
Küchenmeister sowie zum Diät- und Biokoch. Heute ist er
Küchenleiter in einem Seniorenheim mit hundertzwanzig Betten
in der Nähe von Lüneburg. Doch selbst ein Zwölfstundentag kann
ihm dort nichts mehr anhaben.

NATURALMENTE
LUIGI
CUCCARO

Luigi Cuccaro freut sich immer über Besuch in seiner Küche. Der einundfünfzigjährige Süditaliener ist seit dreißig Jahren als Schiffskoch unterwegs. So viel hat die Reederei verraten, die ihn engagiert hat. Mehr ist nicht zu erfahren. Nein, Englisch spricht er nicht. Warum auch? Sschließlich ist das hier ein italienisches Schiff.

Wie macht man ihm also am besten begreiflich, dass sein Lieblingsrezept gefragt ist? Da öffnet sich die Tür zur Galley. Ein philippinischer Decksmann in knallorangefarbenem Overall schlurft herein, stockt kurz und setzt seinen Weg Richtung Espressomaschine fort, die glänzend neben der Spüle steht. Routiniert brüht er sich einen Doppelten und stürzt ihn hinunter. Cuccaro bekommt den Notizblock mit den Aufzeichnungen seiner Kollegen vorgelegt. Seelenruhig vertieft er sich in den Inhalt, blättert vor und zurück und bleibt auf einer Seite hängen. Offensichtlich will er wissen, was das für ein Rezept sein soll, bei dem er angekommen ist. »Spaghetti bolognese. Warum?« Er zieht die Augenbrauen hoch und liest weiter. Erneut öffnet sich die Tür. Diesmal machen sich zwei Decksmänner grinsend und flüsternd auf den Weg zur Espressomaschine. Cuccaro hebt kurz den Kopf und nickt wortlos in Richtung Ausgang, durch den die beiden augenblicklich wieder verschwinden.

»Spaghetti bolognese«, wiederholt er, und es klingt, als würde ein Dirigent über die Aufnahme einer Beethoven-Symphonie sprechen, die eine Blaskapelle eingespielt hat. Von wem dieses Rezept stamme, möchte er wissen. »Von einem Kollegen.« Nationalität? »Von den Philippinen.« Er schüttelt wortlos den Kopf. Greift zum Stift.

Wenig später reicht er uns mit erhobenem Haupt sein Rezept. Spaghetti vongole. Ein echtes italienisches Rezept von einem echten Italiener. Auf Italienisch. Luigi lächelt: »Naturalmente.«

LUIGI CUCCARO

Italien
Geb. 1962 / Schiffskoch seit 1983 / an Bord der »Grande Ghana«

SPAGHETTI
VONGOLE

Für 4 Personen

Man muss darauf achten, dass die Muscheln sauber sind. Sonst hat man den ganzen Sand in der Pasta.

Beim Weißwein gibt es keine Mengenangabe. Ich mache das aus dem Gefühl heraus. Der Alkohol verschwindet ohnehin, wenn man den Wein kocht. Man muss dann nur noch würzen.

Muscheln öffnen sich bei Hitze. Das ist der Grund, warum man das so macht.

Weißwein, Knoblauch, glatte Petersilie, Muscheln – Meeresduft. Ich mag dieses Gericht sehr.

Zutaten:

1 kg Venusmuscheln
300 g Spaghetti
1 Bund glatte Petersilie
50 ml Olivenöl
2 Knoblauchzehen
Weißwein
Pfeffer
1 Pfanne mit gut schließendem Deckel

Zubereitung:

1. Venusmuscheln gründlich säubern
2. Parallel großen Nudeltopf mit sehr salzigem Wasser aufsetzen. Zwei Knoblauchzehen schälen und quer in hauchdünne Scheibchen schneiden, den Bund Petersilie waschen, wieder trocken schütteln, die Blätter abzupfen und grob zerkleinern. Die Petersilienstängel klein schneiden
3. Sobald das Nudelwasser fast kocht, eine Pfanne mit 50 ml Olivenöl erhitzen. Die Spaghetti al dente kochen
4. Inzwischen den Knoblauch und die Petersilienstängel ins heiße Öl geben und zirka 30 Sekunden glasig anschwitzen. Dann ein halbes Glas Weißwein dazu, anschließend die Muscheln. Deckel auf die Pfanne. Nach drei bis vier Minuten hört man, wie die Vongole aufploppen
5. Den Pfanneninhalt durch ein grobes Sieb in einen kleinen Topf abgießen und die Muschelsoße wieder zurück in die heiße Pfanne leeren. Das Muschelfleisch aus den Schalen pulen und geschlossene Exemplare wegschmeißen
6. Die fertigen Nudeln abgießen und noch relativ feucht in der Pfanne mit Muschelsoßenfleisch und Petersilienblättern vermischen. Schwarzen Pfeffer aus der Mühle darüber und auf vorgewärmten Tellern servieren

MAHLZEIT NACH BILDERN

HUBERTO TIBOR OMPOC

Für Huberto Tibor Ompoc geht es um mehr als nur das Wissen, wie sich aus den richtigen Zutaten eine gute Mahlzeit herstellen lässt. Der Neunundvierzigjährige fährt seit fünfzehn Jahren für dieselbe Reederei. Er weiß genau, dass er nicht nur mit dem Essen Einfluss nimmt auf die Atmosphäre an Bord. »Viele sehen in mir mehr als den Koch. Sie fragen mich oft um Rat – von der Schiffsroute bis zu ganz persönlichen Problemen.«

Um seiner Verantwortung gerecht zu werden, stellt Ompoc seine eigenen Befindlichkeiten deshalb hintan. »Es ist meine Pflicht, den Männern ein gutes Gefühl zu geben. Das bedeutet zum Beispiel, morgens zu lächeln – auch wenn mir nicht danach ist.«

Er gehört zu den Männern, die noch eine klassische Ausbildung genossen haben. 1987 begann er in einem Restaurant auf den Philippinen. Fünf Jahre später heuerte er auf Passagierschiffen an und wechselte schließlich 1996 zur NSB. Wenn Ompoc woanders mehr verdienen konnte, schlug er eben einen neuen Weg ein. Auf diese Weise konnte er seinen beiden Kindern die Ausbildung zur Krankenschwester und zum Ingenieur finanzieren.

So sehr er auch um das Wohl der Männer bedacht ist, die er bekocht: Bei der Zusammenstellung des Menüplans, den er kunstvoll mit Comic-Bildchen aus dem Internet verziert, endet die Fürsorge: »Ich frage die Crew nicht, was sie mag. Es wird gegessen, was ich koche. Schließlich sind sie nicht zum Essen hier, sondern zum Arbeiten.«

HUBERTO TIBOR OMPOC

Republik der Philippinen
Geb. 1964 / Schiffskoch seit 1992 / an Bord der »Hatsu Courage«

GEBRATENE GARNELEN
MIT GEMÜSE

Tipp

Für 4 Personen

Endlich mal ein Gericht ohne Chilis. Ein klassisches, schnell gemachtes Wok-Gericht. Das ist in 5 Minuten fertig.

Zutaten:

2 TL Speisestärke

1 TL kaltes Wasser

4 TL Sojasauce

2 geschnittene Zwiebeln

1 Paprika in Streifen

1 Zuchini oder Kürbis in Streifen

1 Karotte in Streifen

2 TL Olivenöl

500 g rohe, mittelgroße Garnelen, entdarmt und ohne Schale

1 TL gehackte Petersilie

Frischer Pfeffer

Zubereitung:

1. Die Speisestärke mit dem Wasser und der Sojasauce mischen und zur Seite stellen

2. In heißem Öl Zwiebeln, die Paprika, Zucchini und Karotte in einer geschlossenen Pfanne oder einem Wok zwei Minuten lang anbraten

Meine Empfehlung: Die Garnelen nach dem Anbräunen aus der Pfanne nehmen und erst am Schluss wieder in die Sauce geben. Sonst werden sie zäh.

3. Mit den Garnelen, der Petersilie und dem Pfeffer weitere zwei Minuten anbräunen, bis sich die Garnelen pink verfärben

4. Die Sojasaucen-Mischung unterrühren und zum Kochen bringen, bis die Sauce andickt

5. Mit gekochtem Reis servieren

SAUER-KRAUT FÜR ALLE!

DIE ERNÄHRUNG AN BORD VERLIEF JAHRHUNDERTE-LANG PROBLEMLOS – MAN ENTFERNTE SICH JA NUR EIN PAAR SEEMEILEN VON DER KÜSTE. MIT DEN GROSSEN ENTDECKERN GINGEN ZWEI UNGEBETENE PASSAGIERE MIT AN BORD: DER UNBÄNDIGE HUNGER UND DIE TÖDLICHE KRANK-HEIT.

Es fängt an mit Gewichtsverlust, Zahnausfall und Blutungen. Dann folgen massive Ausfalls-erscheinungen, Arbeitsunfähigkeit und am Ende der Tod. Über Jahrhunderte bestand die größte Gefahr für Seefahrer nicht darin, in Unwetter zu geraten oder Piraten in die Hände zu fallen, sondern in Skorbut, einer durch die Unterversorgung mit Vitamin C hervorgerufe-nen Erkrankung. Um ihrer verheerenden Wir-kung zu entgehen, gab es nur ein wirksames Gegenmittel: eine gesunde und ausgewogene Ernährung.

Geschichten von Abenteuern auf hoher See werden erzählt, seit sich Männer wie Vasco da Gama oder Christoph Kolumbus aufgemacht haben, die Welt zu entdecken. Davon, was sie dabei gegessen haben, handeln die Geschichten so gut wie nie. Dabei wäre kein Welteroberer weit gekommen, wenn der Proviant die Mann-schaften nicht so gut versorgt hätte, dass wenigstens ein Teil davon wieder den heimischen Hafen erreichte. Das Essen an Bord von Handels- und Segelschiffen ist ein noch weitgehend unerzähltes Kapitel der Seefahrtsgeschichte.

Dabei spielte es nicht von Beginn an eine zentrale Rolle. In der Antike war die Ernährung insofern noch kein drängendes Problem, als die Schiffe nur von Hafen zu Hafen fahren konnten. Wenn der Proviant zur Neige ging, wurden die Lagerbestände beim nächsten Halt einfach wieder aufgefüllt. Auch die Kreuzfahrer waren jeweils nur kurz an Bord, sodass es keiner besonderen Logistik bedurfte, sie ausreichend mit Nährstoffen zu versorgen.

Mit den großen Entdeckungsreisen allerdings veränderte sich schlagartig die Notwendig- keit, über das Essen nachzudenken. Die großen Segelschiffe fuhren wochenlang auf hoher See. Sie waren vom Wind abhängig und wurden oft unvorhergesehen aufgehalten. Die Seeleute waren nun darauf angewiesen, dass es genug Dauernahrungsmittel gab, die sich unter den widrigen Bedingungen an Bord lange hielten. Das waren vor allem Hartbrot, Pökelfleisch, Salzgurken, Kartoffeln, Fett, Käse oder Hülsenfrüchte. Doch ausreichend zu essen gab es nie: Hunger war an der Tagesordnung. In ihrer Not zerkauten viele Seemänner sogar Leder und ihre Wäschestücke. An eine Versorgung mit Frischgemüse oder gar Obst war nicht zu denken.

Ganze Hundertschaften wurden auf diese Weise von Hunger und Krankheiten dahingerafft. Denn selbst wenn es genug zu essen gab: Niemand hatte Ahnung von den ernährungsphysiologi- schen Zusammenhängen, von der Bedeutung von Vitaminen etwa oder der Notwendigkeit einer abwechslungsreichen Ernährung. So starben die Männer reihenweise: an Beriberi, einer Folge von Vitamin-B^1-Mangel, und an Skorbut. Im Jahr 1585 verlor beispielsweise das Geschwader des Admirals Sir Francis Drake auf diese Weise innerhalb weniger Monate 600 von ursprünglich 2300 Mann.

Es war James Cook, der bedeutendste Seefahrer der Neuzeit, der Skorbut zum ersten Mal wirkungsvoll bekämpfte. Bei seiner zweiten Südseereise zwischen 1772 und 1775 ließ er sechzig Fässer Sauerkraut an Bord rollen. Cook stützte sich bei der Zusammenstellung seines Speiseplans auf die Erkenntnisse des englischen Arztes Dr. James Lind, der zwanzig Jahre zuvor herausgefunden hatte, dass Zitrusfrüchte die Skorbut-Symptome wirkungsvoll zurückdrängen. Cook musste seine Männer von der segensreichen Kraft des Sauerkrauts allerdings erst überzeugen. Eines Abends setzte er sich in die Offiziersmesse und schaufelte im Angesicht seiner Matrosen das Sauerkraut in sich hinein, als wäre es eine Delikatesse. So brach er den Bann. In einem Brief an den Generalarzt der Marine schrieb er ein Jahr nach seiner Rückkehr:

»Wir hatten an Bord eine große Menge von Malz, das unter dem Namen Bierwürze hergestellt wird, und dieses gab ich nicht nur den Mannschaften, die bereits unter den Anzeichen von beginnendem Skorbut litten, sondern auch allen, die dazu neigten, und zwar täglich ¼ bis ¾ Liter für jeden Mann (...). Außerdem nahm ich eine große Menge Sauerkraut mit, ein Nahrungsmittel, das nicht nur eine vegetabilische Nahrung darstellt, sondern aufgrund meiner Erfahrung gleichfalls den Skorbut verhütet. Davon wurde zweimal wöchentlich jedem Mann ein Pfund verabfolgt, mitunter auch häufiger, je nach Bedarf. Ein anderer wesentlicher Bestandteil meiner Ausrüstung bestand aus Suppenkonserven und getrockneten Gemüsen, aus denen zusammen mit getrockneten Erbsen dreimal wöchentlich Suppen bereitet wurden; kamen wir an Plätze, wo wir frische Vegetabilien erhalten konnten, so wurden diese zu demselben Zwecke verwandt (...). Auf diese Weise war es uns möglich, eine gewisse Abwechslung zu bieten und die Mannschaft zu veranlassen, größere Mengen von Grünzeug zu essen, als diese andernfalls getan hätte.«

Der Erfolg dieser Maßnahmen war durchschlagend. Während seiner Weltreise verlor er keinen seiner 118 Männer durch Skorbut.

Bis ins 19. Jahrhundert blieb die Ernährung monoton und arm an lebensnotwendigen Nährstoffen. Dafür gab es mehrere Gründe: Nur wenige Lebensmittel eigneten sich überhaupt als Schiffsproviant. Durch die lange Lagerung verloren viele ihren Nährwert. Pökelfleisch etwa wurde in einer Salzlösung eingelegt, die dem Fleisch nach und nach alle Nährstoffe entzog. Und es bedurfte einer aufwendigen Prozedur, um es überhaupt wieder genießbar zu machen. Frisches Fleisch gab es an Bord nur in Form von lebenden Tieren, vor allem Rinder, Schweine und Geflügel. Die nahmen allerdings Platz weg und machten viel Arbeit. Zudem konnten sie eine Gefahr für den sozialen Frieden werden, wenn der Kapitän die Tiere als sein Eigentum betrachtete. Auf einem Ostsee-Segler warf die Mannschaft eine arme Sau während eines Sturms kurzerhand über Bord, weil der Kapitän ihre Ansprüche mit dem Argument zurückgewiesen hatte, dass das Schwein nur an Bord sei, damit er es mästen und nach der Rückkehr mit nach Hause nehmen könne.

Aus dieser Zeit stammt auch eine Mahlzeit, die heute in vielen Hafenbars als Seemannsdelikatesse angeboten wird. Dabei war sie das Ergebnis schierer Not: Labskaus. Entstanden ist das Gericht, um den Matrosen den Anblick dessen zu ersparen, was sie da aßen. Denn nach einiger Zeit waren viele Lebensmittel derart von Maden durchzogen und vergammelt, dass sich die Köche nicht mehr anders zu helfen wussten, als alles in einen Topf zu werfen und zu zerstampfen, bis die Masse die Konsistenz von Kartoffelbrei hatte. Auf diese Weise konnte am Ende niemand mehr feststellen, was zuvor Fleisch gewesen war und was Made.

Die Lebensmittel in luftdicht versiegelten Dosen mitzuführen, war keine Alternative. Die Technik war zwar schon Anfang des 19. Jahrhunderts auf Anregung Napoleons entwickelt worden. Doch zum einen war das Konservengemüse so teuer, dass es nur in kleinen Mengen an Bord kam und deshalb nur den Offizieren vorbehalten war. Und zum anderen vergiftete das zunächst fürs Löten verwendete Blei jeden, der länger von dem Gemüse aß. Bei der Kanada-Expedition des Engländers John Franklin im Jahr 1847 etwa starben nach kurzer Zeit sämtliche Offiziere an einer Bleivergiftung. Sie kamen damit den Matrosen zuvor – von denen die meisten durch Skorbut hinweggerafft wurden.

Auch die Versorgung mit Flüssigkeit stellte die Kapitäne vor kaum lösbare Herausforderungen. Das Wasser wurde in Fässern mitgeführt, in denen es nach spätestens zwei Wochen zu faulen begann. Bald stank es auf dem ganzen Schiff. Wenn der Fäulnisprozess sich innerhalb von acht bis zwölf Wochen zwei- bis dreimal wiederholt hatte, wurde das Wasser wieder klar. Der Grund: Das Algenwachstum drängte die Bakterien wieder zurück.

Liest man den Bericht des englischen Kapitäns Sir James Bisset noch aus dem Jahr 1903, zieht es einem den Magen zusammen:

»Zuerst ging an Bord der Kaffee aus und wurde durch ein im Ofen schwarz geröstetes und danach gemahlenes Zwiebackgetränk ersetzt. Dann musste der Kapitän die Fleischration auf die Hälfte herabsetzen, und auch Dosenbutter, Zucker, Erbsen, Marmelade, Sirup und Dörrobst gingen zur Neige. Als aber sogar der Tabak aufgebraucht war, drohte eine Meuterei. Die Besatzung sezte es durch, die Kammern der Offiziere und die Kajüte des Kapitäns zu untersuchen, um festzustellen, ob sich dort noch gehortete Lebensmittel befänden, und schließlich konnte man nur noch einmal am Tag Zwieback ausgeben. Als der Hunger seinen Höhepunkt erreicht hatte, versuchte man, diesen Zwieback mit aus den Töpfen zusammengekratztem ranzigem Fett, das zum Einfetten der Masten mit etwas Teer vermischt worden war, zu essen.«

Das Aufkommen eiserner Schiffe in der zweiten Hälfte des 19. Jahrhunderts war der Beginn einer grundlegenden Veränderung. Vor allem aus zwei Gründen: Zum einen boten sie deutlich mehr Platz als die aus Holz gebauten Schiffe. So ließen sich zum Beispiel eiserne Behälter für Frischwasser mitführen, das durch den Einsatz von Chemikalien wie Chlor keimfrei gehalten wurde. Zum anderen hielten dadurch die im Jahr 1876 von Carl von Linde erfundenen Ammoniak-Kältemaschinen Einzug. Sie ermöglicht es, Lebensmittel dauerhaft kühl zu halten und damit deren Lebensdauer wesentlich zu verlängern.

Doch auch damit lebten die Seemänner an Bord nicht im Überfluss. Viele Schiffseigner und Kapitäne führten bei der Rationierung der Lebensmittel ein hartes Regiment: Schließlich reduzierte jeder Kanten Brot ihren Profit. Erst mit den so genannten Speiserollen, die zwischen 1946 und 1951 eingeführt wurden, war eine Mindestmenge vorgeschrieben, die jedem Matrosen zur Verfügung gestellt werden musste. Diese Verordnungen trugen der Tatsache Rechnung, dass die Männer an Bord körperlich harte Arbeit zu verrichten und einen entsprechend hohen Energiebedarf hatten.

Durch die Technologisierung der Schiffe in den vergangenen Jahrhunderten ist jedoch ein ganz anderes Problem entstanden. Weil viele Maschinen die Arbeit verrichten, die früher von Hand gemacht wurden, leiden Seeleute heute nicht mehr an Unterernährung, sondern an Übergewicht. Hunger kommt an Bord von Containerschiffen nur noch auf, wenn der Koch nichts von seinem Handwerk versteht.

TURF

KAPITEL 2

EINE ART ZUHAUSE

VON THOMAS DUFFÉ,
AUFGESCHRIEBEN VON
STEFAN KRÜCKEN

Hat der Schiffskoch ein Lieblingsgericht, muss das noch kein Problem sein. Zum Problem wird es erst, wenn er sein Lieblingsgericht so ziemlich an jedem Tag zubereitet. So war das einmal, als wir mit einem Frachter unterwegs nach Nordamerika waren. Zuerst gab es Huhn und Curry. Dann Curryund Huhn. Schließlich Curryhuhn. Zur Abwechslung dann Hühnchencurry, und als die Woche mit Curry vom Huhn endete, kippte die Laune der Crew von currygelb auf wutrot. Überall roch es wie in einer großen, schwimmenden Currybude. Selbst der leidenschaftlichste Curry-Fan, da bin ich sicher, hätte es nicht mehr ausgehalten.

»Mister Curry«, ein Mann aus Pakistan, reagierte auf Beschwerden mit einer stoischen Gleichgültigkeit, die sonst nur Spitzenpolitiker auszeichnet. Er reagierte nämlich gar nicht. Es perlte alles an ihm ab, an ihm und seinen Curryhühnern. Als wir dann an der Ostküste der USA festmachten, holten wir uns einen vollbeladenen Teller mit dem Tagesgericht – raten Sie mal? Genau! –, um alles in der Messe abzustellen und von Bord zu gehen. Wir kehrten in einem Restaurant ein und bestellten Steaks. Der Schiffskoch, wütend über den Anblick der kalten Mahlzeiten, beschwerte sich beim Kapitän, der wenig begeistert reagierte: Er war wegen der Verschwendung sowohl auf den Koch als auf die Crew wütend. Er sei nicht der »Himbeer-Toni«, ließ er uns wissen, und der Nächste, der mit solch einem Mist seine Zeit verschwende, bliebe im nächsten Hafen zurück.

Es gab weiter Curryhuhn.

Das Beispiel zeigt, was geschieht, wenn der Koch danebenliegt. Im Allgemeinen aber gilt: Essen an Bord verbindet. Es gab auch Reisen, da hätte man den Koch knutschen wollen, denn seine Mahlzeit baute einen wieder auf nach einer langen, harten, bescheidenen Schicht. Ein gutes Essen richtete einen emotional wieder auf. Über die Freude an der Mahlzeit geriet man ins Plaudern. Und ja: Man fühlte sich geborgen, beinahe zu Hause. Um dieses Gefühl soll es in »Kombüsengold« gehen: Nicht um Saphran oder exotisches Gewürz und um »höher, schneller, raffinierter«, nicht um Trennkost und Designer-Küche, nicht um den Gault-Millau oder den perfekten Garpunkt. Sondern darum, wie gutes Essen Menschen miteinander verbindet und froh, zufrieden macht. Ein guter Schiffskoch rangiert im Ansehen an Bord ganz weit oben, ist wie ein gefühlter Offizier. Wenn der Schiffskoch gut drauf ist, darf er tun und lassen, was er will. Er ist ja auch der einige Kreative, wenn man so will.

Er hat auf viele Dinge zu achten, vor allem dann, wenn sich die Crew aus vielen Ländern zusammensetzt. Unterschiedliche Biographien, Erwartungen, Geschmäcker, er muss auf religiöse Vorgaben ebenso Rücksicht nehmen wie auf Allergien. Es gibt Listen, in die Kapitäne reinschreiben: Mit dem Kerl möchte ich wieder fahren. Der kocht gut, die Mannschaft ist zufrieden, alles ist super. Ich habe überhaupt keinen Stress – und darum geht's. Und ihm selber schmeckt das Essen auch noch.

Ich habe die Köche für »Kombüsengold« nach dem Rezept gefragt, vom dem sie sagen: Das finden meine Jungs toll. Wenn ich gut aussehen und punkten will, dann koche ich das.

Die meisten Köche, die ich traf, sind starke Charaktere. Sie müssen auch etwas aushalten. Und sie strahlen das aus: ein Ego, das nicht von Selbstzweifeln gefährdet wird. Das sind keine schüchternen Typen, die darüber grübeln, wie sie wohl ankommen und überlegen: Ogottogott, wie schmeckt denen das jetzt? Die denken: Ich bin ein guter Koch, ich kann das.

Einer ist mir besonders in Erinnerung geblieben: ein Bulgare auf einem Autotransporter. Der kam an Bord, ohne ein einziges Wort Englisch zu sprechen. Nicht eins. Aber er hat sich hingestellt und gesagt: Tag auch, ich bin euer neuer Chief-Cook, und wir kommen schon miteinander aus, irgendwie werden wir uns verstehen. Er wirkte so extrem gelassen, so souverän. Da kam gar kein Zweifel auf, ob es vielleicht zu Dissonanzen kommen würde, weil Erklärungen und Beschwerden ganz ins Leere gehen mussten. Er wusste, die Zuneigung geht durch den Magen. Und der Rest – wie ein paar Englischvokabeln – kommt im Laufe der Zeit von ganz alleine.

Erfahren Sie in diesem Kapitel von Gerichten, die mit Fleisch zu tun haben.

SALUT DEM GEFÜHLTEN OFFIZIER

MAURICIO
V. MAGSIPOC

An der Spitze der Bordhierarchie steht der Kapitän. Sein Wort ist Gesetz. Darunter kommen Offiziere, die Mannschaft, die Männer im Maschinenraum. Der Einzige, der in dieser Hierarchie keinen festen Platz hat, ist der Koch. Er ist so etwas wie der gefühlte Offizier. Die Figur, die der Hierarchie an Bord erst die notwendige Stabilität verleiht. Mit leerem Magen lassen sich Befehle eben weder gut erteilen noch befolgen.

Mauricio Magsipoc, der schon im Alter von achtundzwanzig Jahren seine erste Stelle als Chiefcook annahm, strahlt die natürliche Autorität aus, die aus diesem Sonderstatus resultiert. Die keinen Titel braucht und keine Schulterklappen und der noch nicht einmal das Haarnetz etwas anhaben kann, das er pflichtbewusst trägt. Seine gestärkte Jacke sitzt an ihm wie eine Uniform, die makellos weiße Schürze ist perfekt gebunden. Er kapiert sofort, dass er um sein Lieblingsrezept gebeten wird. Aber viele Worte ist ihm das nicht wert, er lässt die Zutaten sprechen. Nicht mal einen Namen braucht seine knappe Anleitung.

Seine Ausstrahlung spiegelt sich im Wortsinn auch in der Galley wider, in der er das Sagen hat. Kombüsen sind schon lange nicht mehr die rustikalen Kammern, in denen Schinken an der Decke baumelt und sich die Lebensmittel in den Regalen türmen, wie man sie aus Abenteuerfilmen kennt. Es sind schwimmende Großküchen im Miniaturformat, Aluminium allerorten, die Böden gekachelt. Und obwohl Magsipoc jeden Tag die Besatzung mit drei Mahlzeiten versorgt, sieht es so aus, als seien hier bislang nur Tütensuppen zubereitet worden. Sie wirkt wie die eigentliche Kommandozentrale an Bord. Zumindest die gefühlte.

MAURICIO V. MAGSIPOC

Republik der Philippinen
Geb. 1972 / Schiffskoch seit 2000 / an Bord der »NYK Gentle Leader«

REZEPT
OHNE NAMEN

Tipp

Zutaten:

Für 4 Personen

Auf jeder Speisekarte einer thailändischen Garküche steht ein solches Rezept. Es wird täglich variiert.

Der viele Zucker macht sehr süß.

Überraschend: Basilikum, Oregano und Thymian kennt man ja eher von Pizza. Das sind getrocknete Kräuter, die der Schiffskoch wahrscheinlich standardmäßig an Bord hat. Passen aber gut dazu.

½ kg Roastbeef, in Streifen geschnitten

1 EL Öl

1 EL Butter

¼ Tasse gehackte Zwiebeln

1 gebräunte Knoblauchzehe

2 Tassen brauner Zucker

2 Tassen braune Bratensauce

1 EL Gewürze (Basilikum, Oregano, Thymian)

1 EL weiche Butter

Salz, Pfeffer, Paprika

Zubereitung:

1. Den Ofen auf 200 °C vorheizen
2. Das Fleisch mit Salz, Pfeffer und Paprika würzen
3. Das Fleisch von allen Seiten braun anbraten und kochen, bis es medium ist
4. Zwiebeln in einer Pfanne braun anbraten
5. Den Rotwein hinzufügen und aufkochen, bis er auf die Hälfte reduziert ist
6. Zucker, die Gewürze und den Knoblauch hinzufügen und für einige Minuten köcheln lassen
7. Das Fleisch unterrühren

Variationen:

1. Statt Rind- Hühnerfleisch verwenden
2. Zum Verfeinern Hühnerbrühe verwenden

ALLES AUSSER FRANZÖSISCH!

ROMEO
S. PEMSLOSA

Als Romeo Pemslosa mit gerade mal zweiundzwanzig Jahren seine erste Stelle als Chiefcook antrat, hatte er sich bereits mehrere Jahre lang durch sämtliche Kontinente gekocht. In einer Küche auf Zypern hatte er gelernt, wie Chinesen kochen und wie Franzosen und wie Argentinier. Das Seminar war handfest und reduziert auf das Wesentliche. Klassenziel: jede von den Gewalten des Meeres ausgezehrte Mannschaft satt und zufrieden zu bekommen.

In dieser Zeit begriff er, dass man jeder Kochschule etwas abgewinnen kann, sogar der englischen. »Die Küche aus dem Königreich hat ihre Stärke bestimmt nicht in ihrer Raffinesse«, sagt er. Das Tolle an ihr sei vielmehr, dass man einfach alles, was aus dem Commonwealth kommt, miteinander vermischen kann. »Und am Ende freut man sich, wenn es gut schmeckt.« Ihm ist das offenbar meistens gelungen. Bei den Mannschaften, die er bekocht hat, genießt er einen exzellenten Ruf.

Pemslosa sieht es so: Kochen ist der ständige Versuch, die Grenzen des an Bord Essbaren auszuloten. Ein paarmal habe er es sogar mit französischer Küche probiert. Die sei natürlich deutlich raffinierter und weniger verwegen als die britische. Doch sämtliche Versuche, die Männer an Bord dafür zu begeistern, und waren sie auch noch so zaghaft, schlugen fehl. Für die Feinheiten eines Coq au Vin mit frischem Baguette sind die vom salzigen Sturm ausgezehrten Gaumen einfach nicht zu haben.

Viel besser kommt die deutsche Küche an. Die sei einfach und deftig, sagt Pemslosa. Das bedeutet allerdings nicht, dass man nicht auch dabei einiges falsch machen könne. Aber keine Bange, er schreibt das Rezept säuberlich auf.

ROMEO S. PEMSLOSA

Republik der Philippinen
Geb. 1970 / Schiffskoch seit 1992 / an Bord der »Maersk Seoul«

SAUERBRATEN

Tipp

Für 4 bis 6 Personen

Erinnert mich an meine Oma. Aber sie hätte dafür sicher kein Roastbeef verwendet. Ein Stück Frikando (Oberschale) reicht dafür völlig. Aber an Bord eines Containerschiffs bestellt man nicht sechs verschiedene Arten Fleisch. Da nimmt man eine und macht daraus sowohl Steaks als auch Braten.

Ein klassisches Sauerbraten-Rezept: Das merkt man am Rotwein-Essig-Verhältnis. Der Schmand ist allerdings ungewöhnlich.

Zutaten:

1 kg Roastbeef

2 Lorbeerblätter

2 EL schwarze Pfefferkörner

2 große Zwiebeln, gehackt

1 große Karotte, gewürfelt

200 g Kartoffeln, gewürfelt

250 ml Rinderbrühe

2 EL Crème fraîche oder Schmand

Salz, Pfeffer, Öl

250 ml Rotwein und Essig im Verhältnis 50:50

Zubereitung:

1. Fleisch in einen großen Topf geben, die Rotwein-Essig-Mischung einfüllen, bis das Fleisch vollständig bedeckt ist. Lorbeerblätter und Pfeffer hinzugeben und den Topf 2 bis 3 Tage lang im Kühlschrank lagern. Das Fleisch währenddessen mindestens einmal wenden

2. Das Fleisch aus der Marinade holen, trocknen und mit Pfeffer würzen

3. Das Öl erhitzen und das Fleisch darin von allen Seiten braun anbraten. Zwiebeln hinzufügen, bis auch sie braun sind

4. Mit Salz würzen, Karotten- und Kartoffelwürfel zufügen. Dann Rinderbrühe und gegebenenfalls mehr Wein unterrühren. Etwas von der Marinade hinzugeben

5. Mindestens eineinhalb Stunden bei schwacher Hitze und geschlossenem Deckel köcheln lassen, das Fleisch währenddessen mindestens einmal wenden

6. Das Fleisch aus dem Topf holen und warm halten

7. Die Sauce pürieren und etwas einkochen lassen. Crème fraîche beigeben und mit Salz und Pfeffer würzen. Das Fleisch in Scheiben schneiden und gemeinsam mit der Sauce servieren

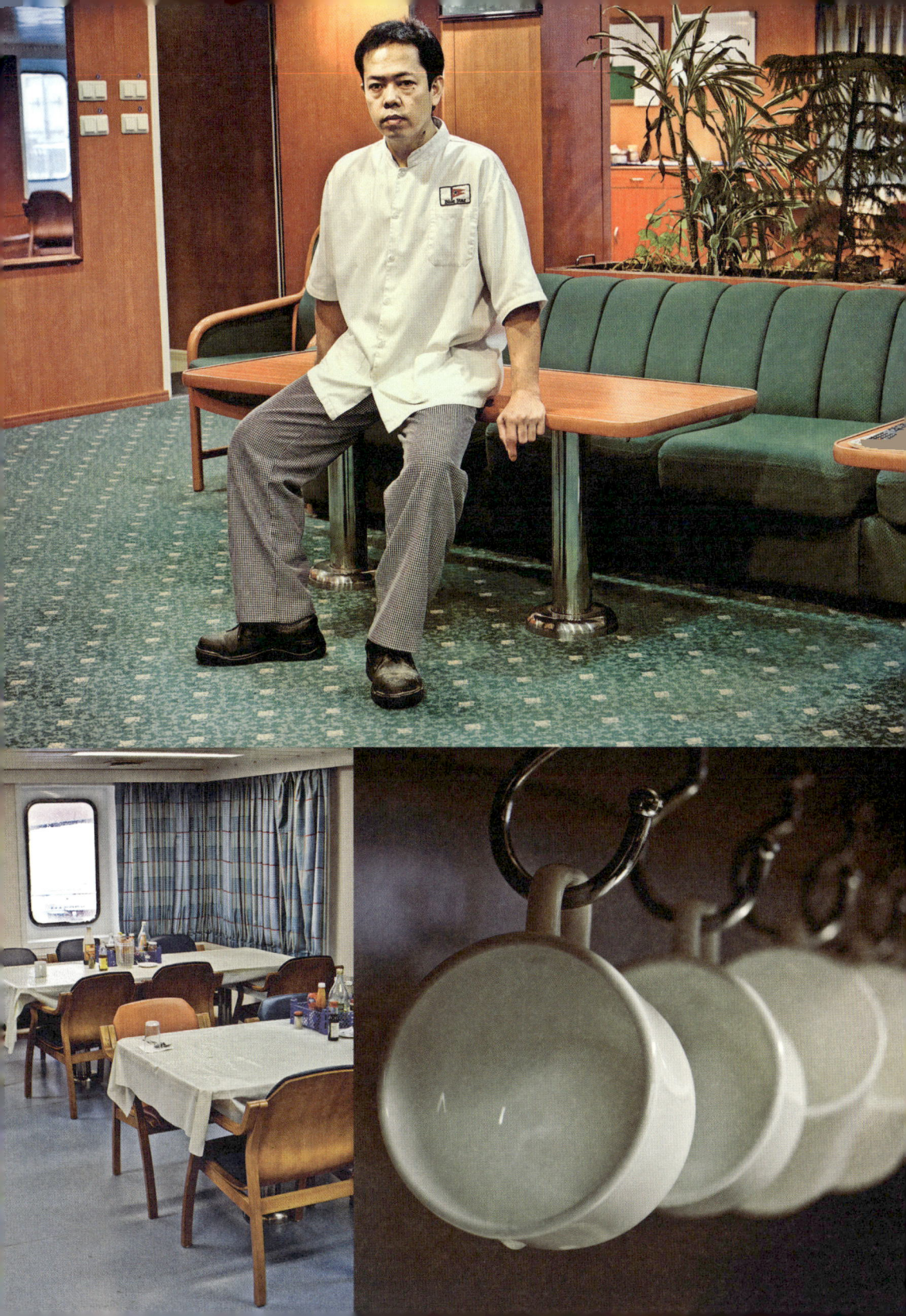

HIER KOCHT DER ENTSCHEIDER

MICHAEL ROSS D. BAUTISTA

Mit seiner Entspanntheit, der wortkargen Art und dem milden Lächeln, das er auch in Momenten größter Aufregung nicht verliert, verbreitet Ross Bautista die Aura eines buddhistischen Mönchs. Er weiß um seine Verantwortung für das Wohl der achtzehn Männer an Bord. Er weiß aber auch, dass es niemandem hilft, wenn man am Herd in Hektik verfällt. Die Männer würden es nämlich schmecken.

»Natürlich gehe ich auf die Wünsche der Seemänner ein«, raunt er. Er wisse aber auch, wo deren Grenzen lägen. Bei Köchen ist es ja oft wie bei Fußballtrainern: Jeder glaubt, es besser zu wissen. Jeder glaubt, mitreden zu können. Die Kunst ist, allen das Gefühl zu geben, dass ihre Meinung zählt. Und dann mit dem Vertrauen in die eigenen Fähigkeiten die Mannschaftsaufstellung vorzunehmen – im Falle von Bautista also: den Speiseplan aufzustellen. Das ist sein persönliches Rezept, um an Bord auch dann Nerven zu bewahren, wenn die Wellen in der Kombüse hochschlagen.

Damit ist Bautista bislang gut gefahren. Für die Reederei, die ihn an Bord der »MV Eilbek« geschickt hat, ist er schon seit Jahren unterwegs. Das ist für einen Koch keine Selbstverständlichkeit. Schon ein falsches Gericht kann bekanntlich dazu führen, dass einen der Kapitän im nächsten Hafen die Gangway hinunterschickt.

Das soll ja Fußballtrainern ganz ähnlich gehen.

MICHAEL ROSS D. BAUTISTA

Republik der Philippinen
Geb. 1973 / Schiffskoch seit 2007 / an Bord der »MV Eilbek«

ESTOUFFADE
DE BŒUF BOURGUIGNON

Tipp

Zutaten:

1 kg Rind, in fünf auf fünf Zentimeter große Würfel geschnitten

4 mittelgroße gewürfelte Karotten

2 gehackte Zwiebeln

30 g Mehl

1 Bund Suppengemüse

2 Zehen Knoblauch

400 ml Rotwein

400 ml Rinderbrühe

Erdnussöl

Salz

Pfeffer

Zucker

150 g grob geschnittene Champignons zum Garnieren

20 g Butter zum Abschmecken

Zubereitung:

1. Das Öl in einer großen Pfanne erhitzen und darin das Fleisch braten, bis es einen leichten Braunton annimmt

2. Die Karotten hinzufügen, mit Zucker süßen und bei ständigem Umrühren für einige Minuten ziehen lassen

3. Das Mehl unterrühren und anschließend mit Rotwein und Rinderbrühe abschmecken

4. Den Knoblauch und das Suppengemüse hinzufügen

5. Anschließend die Pfanne für eine Stunde bei 170 Grad in den vorgewärmten Ofen schieben

6. In der Zwischenzeit die Champignons mit den Zwiebeln in Butter dünsten und zur Seite stellen

7. Das Fleisch auf flachen Tellern drapieren

8. Die Sauce in die Pfanne zurückgießen, aufkochen und mit Gewürzen abschmecken

9. Warm servieren

Mit den Möhren, den Champignons und den Zwiebeln ist die Gemüsebeilage schon dabei. Dazu ein schönes Kartoffelpüree und fertig ist ein sehr leckeres Gericht.

HANS-JOACHIM HEBER

GEBURT DER
HEBER-PLÄTZCHEN

Die erste selbst zubereitete Mahlzeit war eine Suppe für seine Mutter, die er frei nach Schnauze kochte. Auch als Schiffskoch musste sich Hans-Joachim Heber immer wieder auf seine Kreativität verlassen. Ganz besonders, als er eines Nachmittags einen Kuchen verkohlen ließ.

Der Sturm tobte so heftig, dass ich dachte, unser letztes Stündlein habe geschlagen. Immer wieder brachen die Wellen über unseren Frachter herein. Die Aufbauten waren achtern angebracht, also am Heck des Schiffs, so bot das freie Deck eine große Angriffsfläche. Oft wurde das Schiff so weit nach unten gedrückt, dass die Schraube aus dem Wasser ragte. Jedes Mal, wenn eine neue Welle das Schiff erwischte, befürchteten wir, dass es nicht mehr auftauchen würde. Und das ausgerechnet während meiner ersten Seereise als alleinverantwortlicher Koch. So etwas wollte ich nicht noch einmal durchmachen. Als sich das Meer wieder beruhigt hatte, stand für mich fest: Das war deine letzte Seereise. – Was für ein Irrtum!

Neun Jahre verbrachte ich anschließend in den Kombüsen der Schiffe der DSR, der Deutschen Seereederei Rostock, der einzigen Reederei der DDR und zeitweilig der größten in beiden Teilen Deutschlands. Es waren die schönsten Jahre meines Lebens.

Ich stamme aus Dresden. Geboren ein Jahr vor Kriegsende. Als unsere Stadt in der Nacht des 13. Februar 1945 in Grund und Boden gebombt wurde, entkam ich nur knapp dem Tod. Meine Mutter rettete mich aus den brennenden Trümmern. Auch wenn ich erst später von den näheren Umständen meiner Rettung erfahren sollte, spürte ich eine besondere Dankbarkeit ihr gegenüber. Mein Vater war als Handwerker oft auf Montage, mein Bruder sollte erst Jahre später zur Welt kommen. Bereits mit sechs, sieben Jahren wollte ich meiner Mutter etwas zurückgeben und tat für sie Dinge, von denen ich als Kind schon dachte, sie seien außergewöhnlich: So begann ich zu kochen. An die erste Mahlzeit kann ich mich noch genau erinnern: Bohneneintopf, allerdings ohne Fleisch. Die Fleischmarken waren gerade alle. Ich warf Bohnen, Kartoffeln, Bino-Würfel – das war die Ostkonkurrenz zu Maggi-Würze – Bohnenkraut, Salz und Pfeffer in einen Topf, goss Wasser darüber und wartete, was passierte. Ich kochte den Eintopf nach Gefühl. So, wie ich es mir bei meiner Mutter abgeguckt hatte. Sie kostete davon und sagte: »Das schmeckt sehr gut.« Ob sie die Wahrheit sagte, weiß ich nicht. Ich war wahnsinnig stolz und hatte den Mut gewonnen, von da an regelmäßig am Herd zu stehen.

Ohne es zu diesem Zeitpunkt zu wissen, war diese Erfahrung meine Eintrittskarte in die Seefahrt. Zum Matrosen an Deck oder zur nautischen Laufbahn als Offizier oder gar als Kapitän hätte es bei mir nämlich nicht gereicht. Denn Ende der Fünfzigerjahre galt für alle Seemannsberufe noch die strikte Regel: Männer mit Brille brauchen sich für einen Job an Deck gar nicht erst zu bewerben, sie werden nicht genommen. Zur Begründung hieß es, dass einem bei hohem Seegang die Brille von der Nase fliegen könnte. Für mich als Brillenträger war der Lebensweg als Matrose damit verbaut. Dabei hatte ich schon seit früher Kindheit den Traum, später einmal Seemann zu werden. Schuld war mein Großonkel Kurt. Ich kannte ihn nicht persönlich. Von einer Schiffsreise kehrte er nicht mehr zurück. Eine Postkarte war das letzte Lebenszeichen. Was von ihm allerdings blieb, waren seine Geschichten aus der Ferne, die im Familienkreis immer wieder erzählt wurden. Sie handelten von fremden Ländern, von Palmen, schönen weißen Stränden, der heißen Sonnenglut und dem verflixten Seegang. Und von Menschen mit anderer Hautfarbe und exotischen Bräuchen und Sitten. All das, was Onkel Kurt gesehen hatte, wollte ich auch sehen und erleben.

Weil ich nicht im Maschinenraum arbeiten wollte, bestand die einzige Chance, doch in die Fußstapfen von Onkel Kurt treten zu können, in einer Laufbahn als Schiffskoch. Also richtete ich meine ganze Jugendzeit danach aus, in der Kombüse zu landen. Nach Abschluss meiner achtjährigen Schulzeit überlegte ich, wie ich mein Ziel am schnellsten erreichen konnte.

Ich begann eine dreijährige Kochausbildung im Hotel Excelsior in Dresden und lernte alles, was ich für meinen Traumberuf brauchen würde. Ein Vierteljahr verbrachte ich im Schlachthof, ein Vierteljahr in der Konditorei, ein Vierteljahr im Service und den Rest in der Küche. So hatte ich am Ende Grundkenntnisse in allen Bereichen, die man in der Kombüse braucht. Sogar als Bäcker. Nebenbei bewarb ich mich bei der Gesellschaft für Sport und Technik. Dort konnte man eine Art Vorausbildung in allen seemännischen Grundlagen absolvieren: Segel setzen, Knoten binden, Deck schrubben.

Ich hatte mein Ziel, in Onkel Kurts Fußstapfen zu treten, fast erreicht. Jetzt musste ich nur noch bei der DSR angenommen werden. Das war leichter als gedacht. Anfang der Sechzigerjahre kaufte die DSR viele Schiffe zu, ohne ausreichend Personal zur Verfügung zu haben. Deshalb wurden viele junge Kerle wie ich eingestellt, für Einsätze in alleiniger Verantwortung eigentlich noch viel zu früh. Meinen ersten Heuerschein hatte ich für die »Rostock«, eines der letzten Dampfschiffe, das noch im Einsatz war. Auch wenn es keine große Leistung war, darauf eingesetzt zu werden, gilt es heute als eine Art Auszeichnung, wenn man sagen kann: Ich bin noch auf einem Dampfschiff gefahren. Beim Treffen ehemaliger Seeleute der DSR wird man mit großen Augen angesehen. Dabei arbeitete ich nur als Kombüsenhelfer des eigentlichen ersten Kochs, der mich einarbeiten sollte.

Und dann kam der Februar 1963. Mein neuer Heuerschein war ausgestellt auf die »Oder«, ein mittelgroßes Frachtschiff. 102 Meter lang, knapp 15 Meter breit. 6338 Tonnen Ladekapazität.

Besatzung: etwa dreißig Mann. Unsere Route war Nordeuropa und der gesamte Mittelmeerraum. Was wir auf diesen Reisen an Bord hatten, wussten wir nie so genau. Meistens waren es Maschinen oder einzelne Teile, Sackgut, Geldtransporte und manchmal Waffen. Als wir ablegten, war ich guter Dinge. Ich fühlte mich gut gerüstet, die Lasten der Kombüse waren voll.

Doch in der Biskaya gerieten wir in diesen furchtbaren Sturm. Insgesamt sechsunddreißig Stunden lang trieben wir hilflos durch die tobende See. Wir lagen in unseren Schwimmwesten in den Gängen wie auf den Stationen und hatten Todesangst. Sogar der Alte. Niemand erwartete von mir, dass ich mich bei diesen Bedingungen in die Kombüse stellte und kochte. Es war nicht einmal möglich, den Herd anzuwerfen. Der wurde noch mit Diesel betrieben. Jedes Mal, wenn das Schiff überholte, lief der Treibstoff aus dem Brenner. Den Hartgesottenen stellte ich Brot, Käse und Wurst hin. Selbst das war eine große Herausforderung. Es gibt ein Sprichwort für solche Situationen: Eine Hand fürs Schiff, eine Hand für dich. Auch wenn es mir so dreckig ging wie nie zuvor in meinem Leben: Mein Ehrgeiz war noch nicht gebrochen. Mit der einen Hand klammerte ich mich an die Bordleisten der Back und hielt gleichzeitig das Brot fest. Mit der anderen schnitt ich es auf.

Jeder aus der Mannschaft war glücklich, den Sturm überstanden zu haben. Jeder bis auf mich. Ich hatte genug und beschloss, in Alexandria, dem nächsten Hafen, zum Konsulat der DDR zu marschieren und nach Hause zu fliegen. Und meine Situation wurde nicht besser: Mit einem schwankenden Schiff hatte ich nicht mehr zu kämpfen, dafür aber mit einer immer unzufriedener werdenden Besatzung. Ich musste einsehen, dass die Hotelküche, wie ich sie gelernt hatte, nicht gefragt war. Niemand freut sich an Bord eines Handelsschiffes darüber, wenn auf dem Teller ein paar Salatblättchen mit Garnitur und ein kunstvoll angerichtetes Scheibchen Fleisch liegen. Hier war deftige Kost angesagt. Gefordert waren drei warme Mahlzeiten täglich. Morgens Bockwurst, mittags Schnitzel, abends Senfeier mit Kartoffeln und Salat – so sah ein Tagesplan für mich aus. Darauf war ich nicht richtig vorbereitet.

Als wir in den Hafen von Alexandria einliefen, freute ich mich darauf, endlich von Bord gehen zu können. Ich spazierte durch die Stadt und besuchte den Basar. Ließ die Gerüche, den Straßenlärm und das Stimmengewirr auf mich einwirken. Da kam mir der Gedanke: Das alles willst du dir entgehen lassen? Nach allem, was du in diesen Job investiert hast? Ich besann mich und kehrte zum Schiff zurück. Es war die beste Entscheidung, die ich treffen konnte.

Nach der »Oder« wechselte ich auf die »J.-G. Fichte«, ein Lehr- und Ausbildungsschiff. Mit einer wechselnden Besatzung von insgesamt 320 Mann pendelten wir zwischen Kuba, Nordeuropa und Rostock. Dafür war in der Kombüse eine Riesentruppe notwendig. Es gab einen Chefkoch, einen ersten Koch, zwei zweite Köche, einen Patissier, einen Fleischer, einen Bäckermeister sowie Kombüsenhelfer. Ich trug nicht mehr die alleinige Verantwortung, sondern war Teil eines Teams und konnte so Tag für Tag meine Erfahrungen sammeln. Ich begann als zweiter Koch, arbeitete mich hoch zum ersten, und nach drei Jahren sagte ich zur Reederei: »Ich bin jetzt bereit. Gebt mir eine eigene Kombüse auf einem unserer Schiffe.« Ich wusste jetzt, welche Wünsche die Mannschaft hatte und wie ich sie erfüllen konnte.

Aber noch wichtiger war, dass ich gelernt hatte, wie man als Koch auf einem DSR-Schiff aus jeder Situation das Bestmögliche herausholen konnte.

Nach einer Richtlinie der Reederei hatte ich pro Nase und Tag einen bestimmten Betrag zur Verfügung, den ich für die Verpflegung ausgeben konnte. Dies war auch in allen anderen Reedereien so. Wir erhielten zusätzlich Devisen, mit denen wir bei den Schiffshändlern Frischware zukaufen konnten. Die DDR hatte ja keine konvertierbare Währung. Im ersten Monat zehn Pfennig DM West pro Tag und Mann, im zweiten zwanzig, im dritten dreißig. Die Summe ging bis fünfzig Pfennig, wenn man länger als vier Monate unterwegs war.

Offiziell war nur erlaubt, damit Obst und Gemüse einzukaufen. Doch wer kreativ war und mitrechnete, konnte auch mal andere Ware besorgen. Frische Hühner zum Beispiel. Man belieferte uns mit Broilern, den klassischen Brathähnchen in der DDR, und die hatten die Qualität von Suppenhühnern. Es waren Legehennen, deren Fleisch zäh und hart war. Daraus kann man ein Frikassee machen, einen Eintopf oder Geflügel-Ragout-fin. Aber zum Grillen sind diese Hühner nicht zu gebrauchen.

Ich wusste, dass es in den Niederlanden Hühnchen für neunzig Pfennig pro Stück gab. Ich verzichtete auf eine Order in der Heimat, stellte den Speiseplan so zusammen, dass ich für die ersten Tage genug anderes Fleisch für eine abwechslungsreiche Küche hatte, und bestellte mir in Rotterdam fünf Kisten voll Grillhühnchen. Weil in der Reederei niemand etwas davon mitbekommen durfte, schrieb der Schiffshändler Orangen auf die Rechnung. So aßen wir an Bord oft besser und reichhaltiger als die Menschen in der Heimat.

Ein unter Seemännern beliebtes Gericht ist Tiegelwurst, auch »Tote Oma« genannt. Für diese Mahlzeit brät man Grützblutwurst, Speck, Zwiebeln, Knoblauch, Pfeffer, Majoran, Thymian, Salz und als Geheimtipp eine kleine Prise Zucker zusammen an und serviert das Ganze mit Sauerkraut und Kartoffeln oder Klößen. Besser wird die Mahlzeit, wenn man frisches Schweineblut verwendet. Die fertige Wurst, die wir geliefert bekamen, schmeckte allerdings nicht. Sie war lasch und fad. Deshalb bestellte ich zwanzig Liter schlachtwarmes Schweineblut direkt vom Schlachthof. Es kam in zwei Alumilchkannen. Bevor es zu stocken begann, musste man es großzügig absalzen. Ich krempelte die Ärmel meiner weißen Kochjacke hoch und ging mit den Händen in die Kanne, um das Blut mit dem Salz zu mischen. Kamen in dieser Zeit die Stewardessen in die Kombüse, jagte ich ihnen gern einen Schrecken ein. Ich breitete die Arme aus, um sie zu umarmen. Dann war das Gekreische groß. Aus dem Blut, Fleisch und Gewürzen bereitete ich dann die schmackhafte Wurst zu.

Nur selten kam bei mir in diesen Jahren noch Wehmut darüber auf, dass ich nicht an Deck arbeiten konnte. Das passierte nur dann, wenn ich bei über fünfzig Grad in der Kombüse stand, mir das Wasser vorne und hinten hinunterlief und ich gerne mal rausgegangen wäre, um ein bisschen Fahrtwind zu schnuppern. Ich musste mir meine Erfrischungspausen auf andere Weise schaffen. Einmal hätte ich dabei beinahe die Kombüse abgefackelt. Es war an Bord der »Barhöft«, einem kleinen Küstenmotorschiff mit nur sechs Mann Besatzung. Die Luken über den Laderäumen waren mit größeren Eisenhohlpontons abgedeckt. Man konnte diese aber auch zum

Wässern verwenden, als eine Art Floß. Eines Nachmittags ließen wir zu dritt einen Ponton ins Wasser, packten uns ein Paddel aus dem Rettungsboot und gingen schwimmen. Für die Coffee-Time am späten Nachmittag hatte ich einen Rührkuchen in den Backofen geschoben, der in der Zwischenzeit vor sich hin backen konnte.

Wir trieben gerade entspannt übers Wasser, da quoll aus der Kombüse schwarzer Rauch hervor. Als wir vom Schiff her den Schrei »Feuer an Bord!« hörten, paddelten wir sofort zurück und kletterten in Windeseile die Jakobsleiter hoch. Ich war wohl der Einzige, der eine Ahnung hatte, woher der Rauch kam.

Ich rannte in die Kombüse, schaltete den Herd ab, öffnete die Klappe des Backofens und stand sofort in einer schwarzen Wolke. Nachdem ich den Kuchen aus dem Ofen geholt hatte, sah ich, was passiert war. Ein Teil des Teigs war über die Form gelaufen, auf den Boden des Backofens getropft und dort verbrannt. Ich hatte wohl ein bisschen zu viel Backpulver verwandt. Auch der Rest des Kuchens schmeckte nicht mehr allzu gut. An Land hätte ich ihn komplett entsorgt. Diese Option schied hier aber aus. »Wenn es heute zur Coffee-Time nichts Ordentliches gibt, verarbeiten wir dich zu Kleinholz oder wir holen dich kiel – aber längs Schiff«, sagten die Männer zu mir und lachten.

Mir machte das keine Angst. Im Problemlösen war ich inzwischen geübt. Ich schloss die Schotten der Kombüse, stürzte den Kuchen und dachte nach. Mir kam eine Idee. Ich schnitt das, was noch zu verwenden war, in kleine Scheiben. Dann musste ich etwas tun, was mir in der Seele schmerzte: Ich öffnete meine letzte Flasche WBS. Das war zollfreier Schnaps der Marke »Weinblattsiegel«. Den nutzten wir normalerweise zum Schmuggel im Ausland, um unsere knappen Devisen aufzustocken. Damit wurden Waren gekauft, die wir in der DDR nicht bekamen. Textilien, Elektrogeräte und Souvenirs für die Erwachsenen oder Spielzeug für die Kinder. Doch jetzt ging es um meine Ehre. Ich tauchte jede Scheibe in den Schnaps, bestrich sie mit Kuvertüre, die ich erwärmt hatte, zuletzt bunte Zuckerstreusel darüber und fertig waren meine »Heber-Plätzchen«.

Zur Coffee-Time legte ich jedem aus der Mannschaft drei auf den Teller. Dann ging es wieder los. »Wir möchten nicht in deiner Haut stecken, wenn die nicht schmecken«, riefen sie. »Na, nun probiert doch erst einmal«, antwortete ich. Es kostete der Erste, dann der Zweite. Ruck, zuck waren die Teller leer. Die Männer verlangten Nachschub. »Mehr gibt es nicht«, sagte ich. Den Rest hatte ich selbst probiert – und sofort aufgegessen.

HANS-JOACHIM HEBER

Jahrgang 1944, fuhr von 1962 bis 1971 für Schiffe der DSR zur See. Danach wechselte er der Familie wegen an Land. Die Sehnsucht nach dem Meer hat ihn aber bis heute nicht losgelassen. Er lebt in Dresden.

DIE SPITZE DER PYRAMIDE

GERMAN GUTIERREZ

Es gibt in Zeiten von Robotern und vollautomatisierten Maschinenparks nicht mehr viele Berufe, bei denen körperlich so hart gearbeitet wird wie an Bord moderner Containerschiffe. Seemänner sind Relikte einer archaischen Arbeitskultur.

German Gutierrez, der seit fünfzehn Jahren Schiffsmannschaften versorgt, hat die wichtigsten Lektionen eines Kombüsenchefs verinnerlicht: Mit Gemüseaufläufen und leichter Trennkost macht man sich an Bord keine Freunde. Im Zentrum seiner Küche steht Fleisch in allen Variationen: gebraten, gehackt, gedünstet, gegrillt. Es ist deshalb auch keine Überraschung, dass bei seinem Rezept für Spaghetti bolognese nicht nur Hackfleisch zum Einsatz kommt, sondern auch Hühnerleber und Speck.

In Gutierrez' Welt bildet Fleisch mit vollem Recht die Spitze der Ernährungspyramide und degradiert Kartoffeln und Reis zu dem, was sie für ihn schon immer waren: Beilagen. Würde man in seine Küche spazieren und vorschlagen, zur Abwechslung doch mal über ein Risotto nachzudenken oder eine Salatplatte, Gutierrez würde noch nicht einmal genug Lust aufbringen, um den Vorschlag zu ignorieren.

GERMAN GUTIERREZ

Republik der Philippinen
Geb. 1963 / Schiffskoch seit 1997 / an Bord der »Maersk Saigon«

SPAGHETTI
BOLOGNESE

Tipp

Zutaten:

Für 4 Personen

2 EL Olivenöl

1 EL Butter

1 kleine Zwiebel, fein gehackt

1 Karotte, fein gehackt

1 Stangensellerie, fein gehackt

50 g geschnittene Champignons

225 g Hackfleisch

75 g Speck

2 Hühnerleber, gehäckselt

2 EL Tomatenmark

125 ml trockener Weißwein

½ EL Muskatnuss

300 ml Hühnerbrühe

125 ml Crème double

2 EL Petersilie, gehackt

geriebener Parmesan

Man schmeckt sofort, dass das eine sehr kräftige Bolognese-Version ist. Der Speck steht sehr im Vordergrund. Ich finde das völlig in Ordnung.

Diese Version stammt aus Norditalien. Dort wird die Bolognese mit Hühnerleber zubereitet. Für meinen Geschmack kann man sie aber auch weglassen.

Zubereitung:

1. Öl und Butter in einer großen Pfanne bei mittlerer Hitze erwärmen. Zwiebeln, Karotten, Sellerie und Champignons hinzugeben und weich kochen

2. Fleisch und Speck beimengen, bis das Hackfleisch braun ist

3. Hühnerleber und Tomatenpüree unterrühren und 2 - 3 Minuten kochen lassen

4. Wein zufügen und mit Salz, Pfeffer und Muskatnuss abschmecken

5. Die Hühnerbrühe zufügen und aufkochen lassen. Bei geschlossenem Deckel und schwacher Hitze mindestens eine Stunde lang köcheln lassen

6. Die Sahne einrühren und ohne Deckel köcheln lassen, bis die Sahne reduziert ist

Empfehlung für die Spaghetti: 80 Gramm pro Person im Trockenzustand

7. Die Spaghetti in reichlich Salzwasser al dente kochen. Abgießen und auf vorgewärmte Teller geben

8. Die Hälfte der Sauce auf die Nudeln geben, mit einem Löffel verrühren und dann den Rest oben drauf

9. Mit Petersilie garnieren und mit dem Parmesan servieren

DER GEKRÖNTE
REMIGIO
P. CABRERA

Eine wichtige Regel, die Remigio Cabrera in der Kombüse gelernt hat, lautet: Respekt kann man nicht einfordern – man muss ihn sich erarbeiten.

Er hat offensichtlich vieles richtig gemacht als Schiffskoch, feiert er doch bald sein zehnjähriges Jubiläum. Immer wieder kommen Decksleute vorbei und grüßen ihn überschwänglich. Das ist keine Selbstverständlichkeit an Bord von Containerschiffen, auf denen die Männer während der Arbeit meist schweigend aneinander vorbeilaufen und nur das Nötigste sprechen; so, als sei jedes Wort zu viel eine Verschwendung an Energie und Sauerstoff. Man merkt: Der Koch wird hier geachtet. Und Cabrera findet: zu Recht.

Immerhin sei er an Bord der Einzige, von dem kreative Arbeit erwartet wird. Und der Einzige, der dreimal täglich etwas herstellen muss, das allen gefällt. Alle anderen müssen sich jeweils nur um ihren Verantwortungsbereich kümmern, und die meisten bekommen von der Arbeit der anderen gar nichts mit. Wer im Maschinenraum im Bauch des Schiffs zu tun hat, schert sich nicht darum, ob die Halterungen der Container noch halten. Nur der Koch ist derjenige, für dessen Arbeit es kaum Vorgaben gibt und der unter der Beobachtung von allen steht, und das dreimal am Tag.

Das macht den Koch in Cabreras Augen noch nicht zum Künstler. Wohl aber zu jemandem, der sich und sein Ansehen jeden Tag neu beweisen muss. Der unter hohem Druck diszipliniert arbeitet. Seine akkurat zurechtgemachte Kochmütze trägt er wie eine Krone.

REMIGIO P. CABRERA

Republik der Philippinen
Geb. 1971 / Schiffskoch seit 2004 / an Bord der »NYK Orion«

LASAGNE

Zutaten:

Für 6 Personen

Eine klassische
Lasagne, sogar mit
geriebener Möhre.
Für meinen Geschmack
etwas zu fettig, aber
typisch italienisch.

500 g Rinderhack aus der Oberschale

500 g Schweinehack

100 g Zwiebeln, gehackt

4 Zehen Knoblauch, gehackt

1 geriebene Möhre

gemahlener Pfeffer

100 g Bacon

1 EL Gemüsebrühe

200 g Lasagneblätter

½ Tasse Pflanzenöl

1 Tasse Rotwein

100 g geriebener Käse

Grüner Pfeffer

2 TL Tomatenmark

Bei uns kaufen viele die
weiße Sauce im Super-
markt. Das sollte man sich
schnell abgewöhnen.
Man macht sie so,
wie es hier steht.
Ich würde die Sauce etwa
eine Viertelstunde köcheln
lassen und zum Schluss
mit Salz, Muskatnuss und
etwas Knoblauch
abschmecken.
Meine Empfehlung:
Ein Lorbeerblatt und
eine Nelke verfeinern
den Geschmack.

Für die weiße Sauce:

1 l Milch

50 g Butter

100 g Mehl

Zubereitung:

1. Den Bacon, die Zwiebeln, die Möhre und den Knoblauch anbraten.
Das Fleisch hinzufügen und 10 Minuten mitbraten
2. Mit grünem Pfeffer, Salz, Gemüsebrühe würzen und das Schweinehack 2 Minuten mitgaren lassen. Rotwein und Tomatenmark zufügen
und langsam köcheln lassen, bis das Fleisch zart ist
3. Für die Sauce die Milch aufkochen und die Butter hinzufügen.
Nach und nach das Mehl vorsichtig dazugeben und rühren, bis die
Sauce eingedickt ist
4. Den Boden einer Auflaufform mit weißer Sauce bedecken, dann
Lasagneblätter, Fleisch, weiße Sauce und Käse aufschichten. Diese
Prozedur wiederholen und mit Lasagneblättern und weißer Sauce
abschließen. Bei 250 °C in den Ofen schieben. Wenn sich die Oberfläche bräunt, Käse überstreuen und ebenfalls braun werden lassen

REIS MIT SCHUSS

RONALD RADOVAN

Bei seinem ersten Einsatz als Schiffskoch kann sich Ronald Radovan auf zweierlei verlassen: auf ein Buch, das er jeden Tag neben dem Herd aufschlägt, und auf seine Intuition.

Das Buch hat ihm ein erfahrener Koch zum Abschied geschenkt: die »One-Dish-Bible«, die »Bibel der einfachen Gerichte«. Im Vorwort heißt es, man könne sich bei jedem einzelnen der 150 Rezepte darauf verlassen, etwas Schmackhaftes auf den Tisch zu bringen. Bislang hat das Buch sein Versprechen gehalten, beteuert Radovan.

Seine Intuition zeichnet ihn schon lange aus. Er habe schon als Kind gern gekocht, erzählt er. Seither hat er seine Sinne geschärft, er weiß instinktiv, was sich gut kombinieren lässt. Einen seiner Küchentricks guckte er sich zum Beispiel bei einem Franzosen ab, der als Passagier auf einem Containerschiff mitreiste. Jeden Tag kippte der einen Schuss Cognac in seinen Reis. Radovan verfeinerte den Kniff noch damit, dass er goldbraun geröstete Knoblauchzehen dazugab. Mit Erfolg: Die Reisplatten an Bord der »Barmbek« sind zum Ende jeder Mahlzeit leer.

Seit einigen Jahren ist er verheiratet, daheim wartet außerdem eine sechsjährige Tochter. »Das ist manchmal hart«, sagt er. »Aber jedes Mal, wenn wir eine Internet-Verbindung haben, setze ich mich vor den Computer und wir sprechen miteinander über Skype.«

Auf die Frage nach seinem Lieblingsrezept muss Radovan nicht lange überlegen. Er nimmt seine Rezept-Bibel zur Hand. Es dauert nur wenige Sekunden, bis er es gefunden hat: »Cantonese Pork«, Seite 186.

RONALD RADOVAN

Republik der Philippinen
Geb. 1975 / Schiffskoch seit 2012 / an Bord der »Barmbek«

KANTONESISCHES
SCHWEIN

Zutaten:

Für 4 Personen

Mich hat das Gericht ein
bisschen an »süßsauer«
erinnert, wie man es
vom Asiaten kennt.
Der Geschmack kommt
von der Ananas und dem
braunen Zucker. In diesem
Fall liefert der Essig
aber noch einen
würzigen Unterton.

An Land würde ich
das Gericht mit frischer
Ananas zubereiten.
Dosenananas schwimmt ja
komplett in Zuckerwasser.

2 Schweinefilets

1 EL Gemüseöl

2 Dosen geschnittene Champignons, abgegossen

3 EL brauner Zucker

2 EL Worcestershire-Sauce

1 ½ Teelöffel Salz

1 ½ Teelöffel weißer Essig

1 Dose Ananasstücke im Saft

1 Dose Tomatensauce

Zubereitung:

1. Die Schweinefilets der Länge nach halbieren, dann schräg in kleine Stücke schneiden

2. Das Öl auf mittelschwacher Flamme erhitzen, das Fleisch von allen Seiten goldbraun anbraten. Das überschüssige Öl abgießen

3. Das Fleisch aus der Pfanne nehmen

4. Die Ananas mit dem Saft, Tomatensauce, Champignons, Zwiebeln, Zucker, Worcestershire-Sauce, Salz und Essig in einen Kochtopf geben. Bei schwacher Hitze 20 Minuten köcheln lassen

5. Wenn die Sauce die richtige Konsistenz hat, das Schweinefleisch für zwei Minuten in die Pfanne geben

6. Mit Reis servieren

50 g Reis
im Trockenzustand
pro Person

KLAUS WESEMANN

FLUCHTHAFEN MALMÖ

Zu eng, zu spießig, zu grau: Klaus Wesemann träumt von der Flucht aus der DDR.
Als der Tanker, auf dem der Schiffkoch arbeitet, überraschend nach Südschweden abbiegt,
bietet sich eine einmalige Chance.

Mir war immer klar gewesen, dass es nur eine Frage der Zeit war, bis ich Schwierigkeiten bekommen würde. Ein falscher Satz oder eine falsche Bemerkung beim falschen Kollegen – und das Seefahrtbuch bekam einen Stempel. Damit war es vorbei mit der Seefahrt. Ich hatte mir schon Ärger eingehandelt, wenn ich auf einer Gewerkschaftsversammlung meine eigene Meinung und nicht die der SED vertrat. Aber es widerstrebt mir bis heute, mir die Meinung anderer aufdrücken zu lassen. Schon meine Mutter sagte: »Du bist wie dein Großvater. Der war auch so ein Querkopf.« Deshalb hatte man mich auch auf Russlandfahrt versetzt. Es war der 11. Mai 1963, als wir mit dem Motortanker »Zeitz« Rostock mit Ziel Schwarzes Meer verließen.

Ein Jahr lang hatte ich bereits mit dem Gedanken gespielt, aus der DDR abzuhauen. Über den Landweg war mir die Flucht aber zu gefährlich. Wer weiß, wie Waffen funktionieren, wird vorsichtig; ich hatte zwei Jahre lang als Soldat in der NVA gedient. Wir hatten die Kräne von Rostock kaum hinter uns gelassen, als es hieß, dass wir in Malmö im Süden Schwedens einen kurzen Halt einlegen würden. Für einen Unterwasseranstrich. In dieser Sekunde wurde mir klar: Das war die Gelegenheit, den ganzen Mief hinter mir zu lassen.

Ich war ein richtiges Landei aus der finstersten thüringischen Provinz, aus einem Dorf bei Erfurt. Wenn man abends mit einer Freundin spazieren ging, sprach am nächsten Morgen die ganze Gemeinde darüber. Mit dem Beruf, den ich erlernte, blieb ich dieser engen Welt allerdings noch verhaftet. Als Kind verbrachte ich mit meinem Freund Werner viel Zeit auf einem Bauernhof mit angeschlossener Bäckerei. Ich spielte nach Feierabend manchmal zwischen den Öfen. Also hieß es eines Tages: Lern doch Bäcker! Aber das frühe Aufstehen um vier Uhr, nein, das war nichts für mich. Und außerdem: Ich wollte einfach nur weg.

Meine Schwester lebte auf der Insel Rügen, und so kam ich auf den Geschmack des Meeres. Einer meiner Brüder arbeitete in der Fischerei, was mich zunächst interessierte. Aber auf dem Fischtrawler ist alles eng, und wo man geht und steht, riecht es nach Fisch. Alle zwei Stunden stellt sich das Schiff quer zur See, um die Netze einzuholen, und in der Kombüse muss alles festgesetzt werden. Auch das war nichts für mich. Ich wollte zur DSR, der Deutschen Seereederei, wo ich mich als Kochsmaat und Bäcker bewarb. Mein Glück: Gerade war ein neues Schiff in Dienst gestellt worden, die »MS Gera«, auf der ich meine erste Reise ins Ausland antrat. Wenn man aus einem Dorf in Thüringen kommt und dann in Bombay landet, wo sich die Menschen mit Farbpulver bewerfen – das war schon faszinierend.

Bald merkte ich, dass die Kombüse mein Zuhause war. Außerdem kam mir zugute, dass ich in einer kleinen Bäckerei gelernt hatte und meinen Hang zum Kochen geerbt hatte. Meine Mutter war eine gute Köchin, die es selbst in der Nachkriegszeit verstand, aus dem wenigen, das man hatte, ein einigermaßen schmackhaftes Essen zuzubereiten. Wir aßen fast alles, was nicht schnell genug vom Teller sprang. Auf einem Schiff lernt man aber bald, dass es anders zugeht als an Land. Der Umgangston ist direkt, die Anforderungen sind hoch und ganz ungefährlich ist es auch nicht, was ich im Frühjahr 1962 auf dem Dampfschiff »Rostock« erlebte. In der Kombüse stand ein Kohlenherd. Um bei schönem Wetter die Wärme abziehen zu lassen, war über dem Herd ein Oberlicht angebracht, ein so genanntes Skylight. Links neben dem Herd befand sich der Füllschacht für Kohle. Es war ein schöner Tag, das Skylight geöffnet – und der Kranführer verwechselte die Klappe für den Schacht mit dem Skylight. Die Kohlen landeten auf unserem Herd, der immerzu in Betrieb war. Ganz schnell mussten wir das Brennmaterial entfernen und die Kombüse reinigen. Am Ende waren wir von oben bis unten schwarz, aber dafür war der Herd wieder sauber.

Nun liefen wir auf Malmö zu, Seemeile für Seemeile näherten wir uns dem Hafen, in dem ich plante, von Bord zu gehen. Am Tag vor der Flucht war ich noch ganz ruhig gewesen, doch als wir festmachten, setzte die Aufregung ein. Ich trug meinen guten Anzug, der mich mal einen ganzen Monatslohn gekostet hatte. In der Hand hielt ich meinen Fotoapparat für den Fall, dass mich jemand aufhalten würde.

»Wo willst du hin?«, rief ein Wachmann, als ich über die Gangway schritt.

»Landausflug, fotografieren!«, antwortete ich und hielt die Kamera hoch.

Ich beschleunigte den Gang, verließ, ohne mich noch einmal umzudrehen, den Hafen und marschierte ohne Umweg zum Konsulat der BRD. Als ich dort klingelte, antwortete eine Stimme aus der Gegensprechanlage: »Wir haben jetzt keine Sprechstunde, kommen Sie später wieder.« Ich erklärte, dass ich von einem DDR-Schiff käme. Sofort summte die Tür. Nachdem ich meine Geschichte erzählt hatte, bekam ich einen neuen Ausweis und eine Fahrkarte in die Bundesrepublik Deutschland. Ein Fahrer des Konsulats brachte mich zur Fähre und in ein neues Leben. Damit war das Kapitel DDR für mich abgeschlossen. Im Rückblick ziemlich unspektakulär.

Meine Reise führte mich nach Bremerhaven, wohin sich mein anderer Bruder schon vor dem Bau der Mauer abgesetzt hatte. Ich brauchte neue Kleidung – ein Anzug allein reicht ja nicht – und einen neuen Job. Arbeit fand ich auf einem Hamburger Schiff, musste aber bald feststellen, dass sich nicht nur viele Ausdrücke, sondern auch einige Essgewohnheiten von denen in der DDR unterschieden. Es war ungefähr so, als wollte man einem Hamburger Knödel vorsetzen oder einem Schwaben Grünkohl. Aber nach kurzer Zeit hatte ich mich darauf eingestellt. So lernte ich auch, wie man das Seemannsgericht »Reis mit Curry« zubereitet. Curry war ein Gewürz, das ich aus der DSR-Schifffahrt nicht kannte.

In den folgenden Jahren lernte ich viel für mein Leben. Ein Schiffskoch muss zuhören können. Er sollte ein Ohr für die Wünsche der Mannschaft haben und sich auf die wechselnden Crews einstellen können. Wer monatelang auf einem Schiff mit vierzig, fünfzig Mann auf engem Raum zusammenlebt, der muss begreifen, dass man sich nicht aus dem Weg gehen kann. Der Koch ist Mittelpunkt der Crew, ob er will oder nicht. Man beginnt, die Meinung anderer zu tolerieren, ohne sie sich zu eigen zu machen. Ein guter Schiffskoch ist immer auch ein Diplomat.

Über meine Koch- und Backkünste sollen andere urteilen. Ich schätze sie als passabel ein. Natürlich kommt es vor, dass mal ein Essen nicht so gelingt, wie man es sich selbst vorgestellt hat. Das passiert zu Hause auch, und dann versucht man eben, das Malheur mit der nächsten Mahlzeit wieder auszugleichen. Kam jemand zu mir und fragte: »Ey, Chef, kannst du mal das oder das kochen?«, versuchte ich, möglich zu machen, was der Proviant hergab. Wenn das Schiff in Bremen losmachte und der nächste Hafen am Suez Kanal lag, stellte ich den Speiseplan so zusammen, dass möglichst kein Obst und kein Frischgemüse vergammelte und wir später mit den Konserven über die Runden kamen. Tiefkühlware gab es damals noch nicht. Auch zum Ende einer Reise möchte die Mannschaft noch so gut essen wie am Anfang.

Viele Männer sind auch heute noch der Meinung, dass Kochen Frauensache ist und dass man harte Männer an Bord nur an Deck oder in der Maschine findet. Das ist Unsinn. Für vierzig Mann bei Seegang zu kochen, bedeutet schwere Arbeit. Meine Schichten dauerten von morgens um sechs bis mittags um eins und von nachmittags um drei bis abends um sieben. Sieben Tage die Woche, egal ob Feiertag, Sonntag oder Schlechtwettertag. Und donnerstags und sonntags erwarteten die Seeleute zum Frühstück frische Brötchen und am Nachmittag Kuchen. Selbstverständlich alles selbst gebacken. Aber bei aller Anstrengung und bei allem Frust, der bei langen Reisen manchmal aufkam: Ich war gerne Schiffskoch. Ich mag die Freiheit. Und ich war immer mein eigener Chef.

KLAUS WESEMANN

Jahrgang 1939, fuhr mit kurzen Unterbrechungen
von 1960 bis 1977 zur See. Er lebt heute
in der Nähe von Bremerhaven.

EINE PRISE EINSAMKEIT
NICOLAS L. TORNIADO

Ein guter Schiffskoch muss Einsamkeit ertragen können. Bei wenigen offenbart sich das so deutlich wie bei Nicolas Torniado. Die Galley ist sein Refugium. Seine Höhle, die er nur verlässt, um sich abends in die Koje zu legen.

Torniado sagt, er habe einen Job mit viel Verantwortung. »Er macht mir viel Spaß«, sagt er knapp. Der Schiffskoch muss damit leben, dass sich niemand für ihn interessiert, solange das Essen schmeckt. Wenn es dem Koch mal schlecht geht: Das möchte erst recht keiner hören. Schlimm genug, dass sich seine Stimmung aufs Essen niederschlägt – das passiert unweigerlich. Torniado weiß das und macht aus seinem Los das Beste. Er hat seine Kombüsenexistenz ausgepolstert mit Rezepten, von denen er weiß: Die machen seine Mannschaft glücklich. Eine dieser Zauberformeln schreibt er für dieses Buch auf, voller Akkuratesse, er gibt exakte Mengen an – was sich viele seiner Kollegen sparen. Und dann wartet Torniado geduldig darauf, wieder allein gelassen zu werden in seiner Höhle.

NICOLAS L. TORNIADO

Republik der Philippinen
Geb. 1972 / Schiffskoch seit 2006 / an Bord der »NYK Vega«

GERÖSTETE ENTE
MIT ÄPFELN

Tipp

Zutaten:

1 Ente von ca. 2 kg

2 große Äpfel

1 kleine Zwiebel

2 TL Zimt, gemahlen

1 kleine Prise Nelke, gemahlen

10 gehackte Salbeiblätter

1 TL Meersalz

1 ¼ Tassen trockener Apfelcidre oder Apfelschnaps

1 großer Apfel zum Garnieren

Zubereitung:

1. Den Ofen auf 200 °C vorheizen

2. Die Äpfel schälen, entkernen und zerkleinern. Auch die Zwiebel schälen und zerkleinern. Beides mit den Gewürzen und dem Salbei in eine Schüssel geben und mischen

3. Die Ente mit der Apfelmischung füllen und anschließend verschließen. Die Entenhaut rundum mit einer Gabel einstechen und mit Salz einreiben

4. Die Ente in einem Bräter in den Ofen schieben und zwei Stunden rösten. 30 Minuten vor Ende der Röstzeit mit dem Cidre bzw. Apfelschnaps übergießen

5. Die Ente aus dem Bräter nehmen, auf eine Servierplatte legen und warm stellen.

6. Das Fett vom Bratenfond im Bräter entfernen und zur Seite stellen. Auf dem Herd bei mittlerer Hitze erwärmen und den Cidre zufügen. Aufkochen, umrühren und 5 Minuten leicht köcheln lassen.

7. Den Ofen/Grill vorheizen und den letzten Apfel schälen, entkernen und in dünne Scheiben schneiden.

8. Die Scheiben in eine ofenfeste Form geben und dünn mit dem Bratenfett bestreichen. Unter großer Hitze grillen, bis die Apfelscheiben goldbraun sind, und danach um die Ente dekorieren.

9. Die Sauce getrennt servieren.

SATT NACH VORSCHRIFT

MATTHEW CARROLL

Welche Gesetze an Bord gelten, hängt von der Flagge ab, unter der das Schiff fährt. Bei deutscher Flagge gilt deutsches Recht: deutsche Tarifverträge, deutsche Steuern, deutsche Sicherheitsbestimmungen. Weht am Heck ein weißes Kreuz auf rotem Grund, gilt dänisches Recht. Jeder Frachter ist eine Art Satellitenstaat.

Nur so ist zu erklären, dass Matthew Carroll eine Sicherheitsbrille tragen muss, als er ein Blech mit einer seiner legendären drei Quadratmeter großen Pizzen in den Ofen schiebt. Sein Schiff fährt unter amerikanischer Flagge und in den USA ist die Brille Vorschrift. Der Teig wölbt sich wie Apfelkuchen, der Belag ist daumendick belegt, mit allem, was die Küche hergibt – bis auf Obst.

Damit hat sich Carroll bei der Crew und ihrem Kapitän offensichtlich einen Heldenstatus erworben. Aus dem Nichts füllt sich die Messe, mit einem Mal geht es zu wie auf einem Kreuzfahrtschiff. Vor der Galley bildet sich eine Schlange, die Männer beladen ihre Teller mit Pizza und schaufeln Salat, Nudeln, Sauce und Obst dazu.

Als der Ansturm vorüber ist, erzählt Carroll von früher. Eine Weile fuhr er tatsächlich als Koch auf einem Kreuzfahrtschiff. Aus dieser Zeit stammt seine Leidenschaft für Suppen. Und doch war es nicht seine Welt. Petersilie auf meterlangen Buffets zu drapieren, das war nicht seine Vorstellung vom Leben als Schiffskoch. »Ich möchte, dass die Leute essen, was ich ihnen koche. Und nicht, dass sie es fotografieren.«

MATTHEW CARROLL

USA
Geb. 1973 / Schiffskoch seit 1991 / an Bord der »Green Ridge«

THAI-CURRY
SUPPE

Tipp

Zutaten:

2 Dosen Kokosnussmilch

1 Packung Mae Ploy Currypaste

250 ml Hühnerbrühe

1 Pfund Hühnerfleisch (wenn möglich, ohne Haut und Knochen)

etwas Zucker

Fischsauce Patis

1 Thai-Ingwer-Wurzel (50 g)

3 Limettenblätter

1 Dose Straw-Champignons

frische Bohnen

Bambussprossen

frischer Basilikum und frisch gehackter Koriander

Thai-Chilischoten

Zubereitung:

1. Die Kokosnussmilch siedend kochen, dann die Currypaste hinzufügen
2. Sobald beides kocht, die Hühnerbrühe unterrühren
3. Aufkochen lassen, nacheinander das Hühnerfleisch und die Ingwerwurzel hinzugeben
4. Kochen lassen, dann der Reihe nach Zucker, Patis, die Limettenblätter, die Pilze (samt Saft) und die Bambussprossen zufügen
5. Kochen, bis das Fleisch gar ist. Dann die grünen Bohnen hinzufügen und kochen lassen, bis sie weich sind
6. Mit Basilikum, Koriander und Chilischoten abschmecken
7. Wer es gern schärfer und schmackhafter haben möchte, gibt mehr Currypaste zu

FREIES KUBA

JUAN ANTONIO AGUEZ

Juan Antonio Aguez ist ein aufrechter Mann. Vor über zwanzig Jahren hat der Kubaner seine Heimat verlassen und sich geschworen: Er betritt die Insel erst wieder, wenn dort keiner der Castros mehr Reden schwingt. »Ich bin wahrscheinlich einer der dienstältesten politischen Flüchtlinge«, sagt er und lächelt.

So bereist er als Chiefcook und politischer Flüchtling seit zwei Jahrzehnten die Weltmeere. Inzwischen ist die kleine Küche sein Zuhause, in der er jeden Morgen in aller Stille mit dem Zubereiten des Frühstücks beginnt und sie bis zum Abend kaum verlässt. »Meine Aufgabe ist es, dafür zu sorgen, dass meine Kameraden an Bord gesund und kräftig bleiben. Sie sollen wie ich an jedem Tag ihre Arbeit tun können.«

Was den Männern guttut und was nicht, haben sie allerdings nicht selbst zu entscheiden. Aguez bestimmt, was sie brauchen. Der Mann lässt keinen Zweifel zu. Er ist nicht vor den Castros geflohen, um sich dann am Kochtopf hineinreden zu lassen.

JUAN ANTONIO AGUEZ

Kuba
Geb. 1958 / Schiffskoch seit 1990 / an Bord der »OPDR Las Palmas«

SCHWEINEKOTELETTS
SAJONA IN PFEFFERSAUCE

Tipp

Für 4 Personen

Ich habe grünen
Pfeffer verwendet.

Damit daraus eine gute
Sauce werden kann:
2 EL Tomatenmark
dazugeben, mit dem
Weißwein ablöschen,
0,2 l Geflügel- oder
Rinderbrühe zufügen.
Das Ganze 10 Minuten
köcheln lassen.
Anschließend pürieren
und passieren. Nach dem
Passieren mit 100 g Crème
fraîche verfeinern und
je nach Geschmack mit
Kräutern abschmecken.

Wenn man Kurzbratfleisch
so lange gart, verliert
es an Flüssigkeit und
wird zäh. Ich würde es gar
nicht garen. Maximal
eine Minute von jeder
Seite anbraten und raus
aus der Pfanne. Dann
schmeckt es richtig gut.

Zutaten:

4 Schweinekoteletts à mindestens 140 g

Pfeffer

2 Zwiebeln

½ Knoblauchzehe

50 ml Weißwein

Tomatenmark

Zubereitung:

1. Zwiebeln, Pfeffer und Knoblauch in Öl anbraten

2. Tomatenmark zufügen und mit Weißwein ablöschen.

3. Wenn die Sauce gut ist, die Schweinekotelettes hinzufügen und in der Sauce für 50 - 60 Minuten kochen

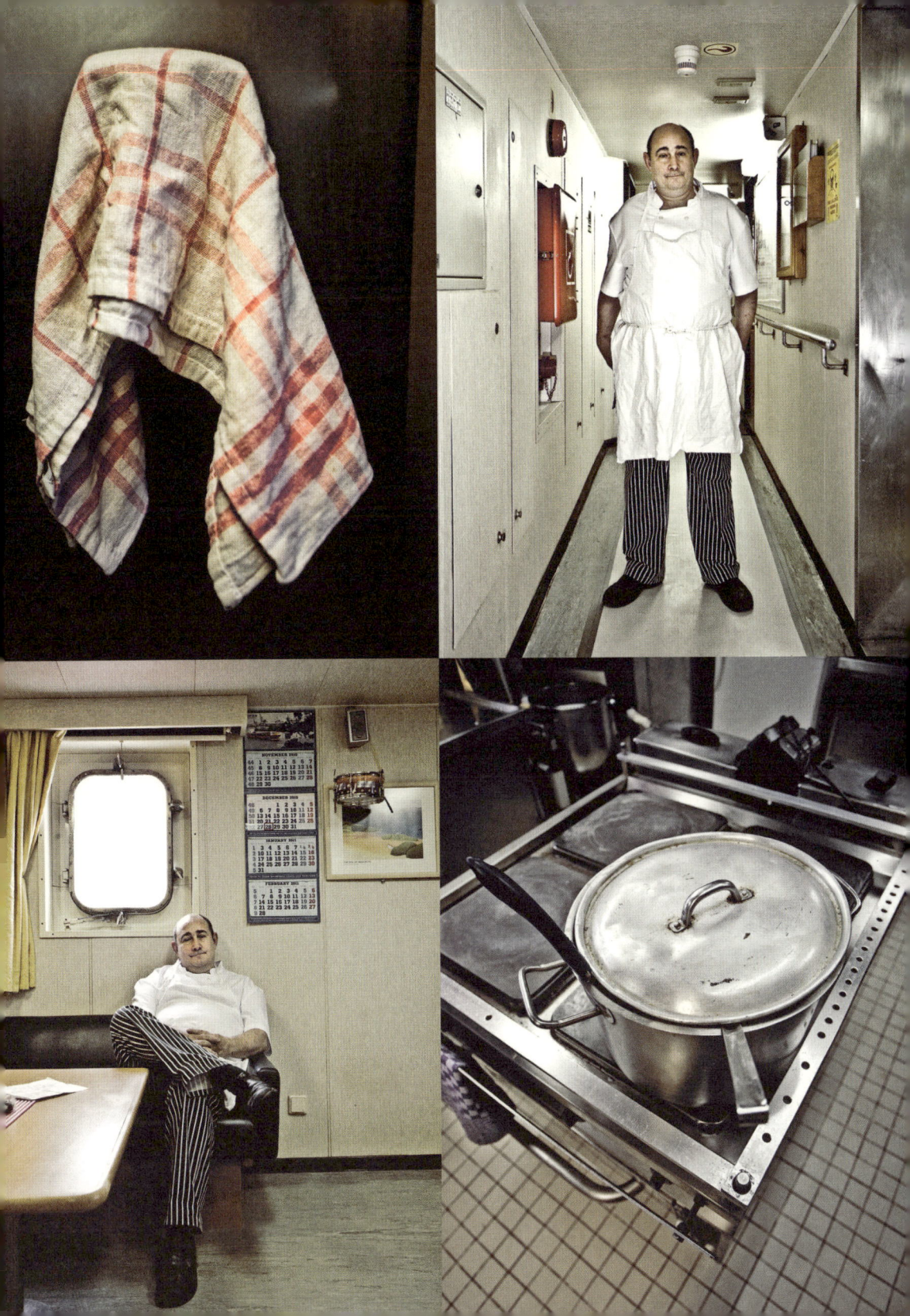

SCHWEIN GEHABT

DIE GESCHICHTE EINES ABENDESSENS

Es geht am Sonntagnachmittag auf halb drei zu, als in der Kombüse an Bord der »Barmbek« nichts zu hören ist außer dem rhythmischen Klack-klack-klack eines Küchenmessers. In schwarzer Hose, mit weißem Kochkittel und einem Geschirrtuch in der rechten hinteren Hosentasche steht Ronald Radovan, 37, an der Arbeitsfläche neben der Spüle und schneidet Zwiebeln auf einem Plastikbrett. Sein Messer schlägt den Takt für die Vorbereitungen des Abendessens. Ihm bleiben noch drei Stunden. Der Einsatz auf der »Barmbek«, der für den Schiffskoch vor sechs Wochen begann, ist sein erster, bei dem er die alleinige Verantwortung trägt. Jede einzelne Mahlzeit ist eine Bewährungsprobe. Der Filipino weiß: Sonntags erwarten die Männer etwas Besonderes.

Drei Decks weiter unten ist zu diese Zeit nichts zu hören als der infernalische Lärm der mannshohen Zylinder im Maschinenraum. Man gelangt dorthin, wenn man aus der Kombüse links den schmalen Flur entlanggeht. Nach wenigen Metern kommt eine schwere Stahltür, die ins Freie führt.

Von dort aus steigt man die engen Stufen im weißen, stählernen Treppenhaus nach unten. Ein Deck tiefer kehrt man ins Schiffsinnere zurück und passiert dort die Tür mit dem Zettel »This way to engine room«, der mit einem Klebestreifen fixiert ist. Nach der nächsten Tür öffnet sich der Maschinenraum. Dort stampft der Motor, der sich über zwanzig Meter in die Länge und mehrere Decks in die Tiefe erstreckt, den Takt, in dem sich das Schiff durch die Ostsee schiebt. Er klingt wie eine millionenfach verstärkte Nähmaschine.

Der Maschinenraum ist der Arbeitsplatz von Dusko Bilic, 56. Er ist der Elektriker an Bord, verantwortlich für alle elektrischen Anlagen. Die Kühlanlagen der Container genauso wie die Wasseraufbereitungsanlage oder eine kaputte Glühbirne. Und er ist der Mann, der sich in der dreizehnköpfigen Crew die meisten Gedanken übers Essen macht. Er fährt seit Ende der Siebzigerjahre zur See. Er ist mit Köchen gefahren, die Fisch besser zubereiten konnten als seine Frau. Als er ihr das sagte, war sie sauer. Der Kroate hat aber auch am eigenen Körper erlebt, was es heißt, mit einem Koch zu fahren, dessen Essen man irgendwann verabscheut.

Wenn das, was Radovan oben in der Kombüse zubereitet, schmeckt, ist Bilic sein größter Fan. Wenn nicht: sein schärfster Gegner.

Von einem Schiff wie der »Barmbek« gibt es Tausende auf den Weltmeeren. 169 Meter lang, 27 Meter breit. Die maximale Geschwindigkeit: 16,4 Knoten. Die Tragfähigkeit: knapp 160 000 Tonnen. Macht 1600 Container, von denen die untersten fünf Meter unter Deck stehen und die obersten 15 Meter darüberthronen. Ihr Einsatzgebiet ist die Ostsee, ihre Route verläuft zwischen Hamburg, Helsinki und St. Petersburg. Auf festen Bahnen fährt sie in ständigem Kreislauf hin und her. Lädt hier Container ab, nimmt dort neue auf und bleibt in keinem Hafen länger als ein, zwei Tage. Ohne Schiffe wie die »Barmbek« würde die Weltwirtschaft schnell zum Erliegen kommen. Ohne Männer wie Radovan wäre sie schon längst zusammengebrochen. Denn er ist einer von denen, die nicht nur dafür sorgen, dass die Seeleute dreimal am Tag etwas Warmes in den Bauch bekommen. Sondern auch dafür, dass sich die Männer nicht irgendwann an die Gurgel gehen.

»Vom Essen hängt alles ab«, sagt Bilic in einer Pause. Er sitzt im roten Overall im Kontrollraum, ein Deck über der Maschine. Die Ohrenschützer, die er trägt, wenn er nach unten muss, liegen auf dem Tisch neben ihm. Um ihn herum: ein älterer Chinese, der Regie führt über die vielen blinkenden Lichter auf dem Kontrollpult, und zwei junge Russen, die das Sagen haben im Maschinenraum. Immer wieder kommt einer der Filipinos herein, die unten die Arbeiten ausführen.

Bilic nimmt einen Schluck aus seiner Kaffeetasse. »Wenn es nicht schmeckt, verhält man sich irgendwann wie ein Mann, der Probleme hat mit seiner Frau. Wenn jemand beim Einparken sein Auto touchiert, droht er dem Prügel an. Aber in Wirklichkeit ist er nicht wütend wegen des Kratzers auf der Stoßstange, sondern wegen des Ärgers, den er zu Hause hat.«

Auch Bilic hat das schon durchgemacht. Er war eingesetzt auf einem Schiff als einziger übrig gebliebener Europäer. »Der Koch, ein Asiate, hatte beim Kochen nur noch seine Landsleute im Kopf. Das Essen war überladen mit fremden Gewürzen«, erzählt er. Sein einziger Lichtblick

war der Sonntag: Das war der Tag, an dem es Steak gab und Eiscreme. Mit seinem Leiden war Bilic jedoch allein. Allen anderen aus der Besatzung schmeckte es auch von Montag bis Samstag. Am Ende hatte Bilic vierzehn Kilogramm verloren.

Der groß gewachsene Mann mit dem kahl geschorenen Schädel und einer Nase, die wie ein Ausrufezeichen in seinem Gesicht steht, stammt aus Split. Seit er sich erinnern kann, lebt er am und mit dem Meer. Er liebt die See, er kann sich keinen schöneren Beruf vorstellen als seinen. Ein Jahr lang versuchte er es an Land. Dann hielt er es nicht mehr aus und unterschrieb den nächsten Vertrag als Schiffselektriker. »Hier stehst du jeden Tag vor einer neuen Herausforderung«, sagt er. »Vor drei Monaten war ich auf einem Chemietanker. Jetzt bin ich auf einem Container-schiff. Ständig lernt man etwas Neues.«

Doch er weiß auch: Der Job kann noch so viel Spaß machen – wenn das Essen nicht schmeckt, kreisen die Gedanken irgendwann nur noch darum, was der Kerl da oben als Nächstes auf den Tisch stellt. Erst leidet die Stimmung, dann die Arbeitskraft und nach ein paar Wochen zählt man nur noch die Tage, bis man endlich runter darf vom Schiff. Als wäre man im Gefängnis.

Die Schultern, auf denen auf der »Barmbek« diese große Verantwortung lastet, könnten kaum schmaler sein. Im übertragenen wie im wörtlichen Sinne. Ronald Radovan ist nicht nur Anfänger in der Kombüse, die mit ihren Edelstahlflächen, den Neonröhren an der Decke, dem Industrieherd, den Hochleistungsöfen und dem mannshohen Kühlschrank aussieht wie die zu klein geratene Küche einer Fabrikkantine. Er ist auch jemand, den man sich als Sachbearbeiter in einer Bank weitaus besser vorstellen kann als auf einem Containerschiff. Er trägt eine randlose Brille. Der Seitenscheitel seines tiefschwarzen Haares ist wie mit dem Lineal gezogen. Die Nägel seiner feingliedrigen Finger sind sauber geschnitten. Das Wenige, das er sagt, spricht er mit einem Lächeln aus, als sei es ihm schon unangenehm, überhaupt angesprochen worden zu sein. Und das bei einem Koch, der zu den zentralen Figuren auf jedem Schiff gehört. Was also hat ihn hierhergeführt?

Begonnen hat sein Weg in Manila, Radovans Heimatstadt. Dort studierte er Wirtschafts-wissenschaften und arbeitete einige Jahre in der freien Wirtschaft. Mit Anfang dreißig beschloss er, zur See zu fahren. »Es war schon immer mein Traum, einmal als Koch zu arbeiten. Schon als kleiner Junge habe ich gern gekocht«, erzählt er. Sieben Jahre lang fuhr er anschließend als Steward zur See. Seine Aufgaben: dem Koch zuarbeiten, beim Kapitän und den Offizieren die Teller abräumen, abspülen und jeden Abend den Boden wischen.

Warum jemand, der ein Studium abgeschlossen hat, im Alter von dreißig Jahren alles hin-wirft und noch einmal ganz unten anfängt – Radovan begründet das mit seiner Leidenschaft fürs Kochen. Und dass er als Schiffskoch ein Vielfaches dessen verdient, was er in Manila bekommt. Dass der Preis, den er dafür zahlen muss, der ist, seine sechsjährige Tochter nur alle acht Monate zu Gesicht zu bekommen, dass er an sieben Tagen in der Woche drei warme Mahlzeiten pro Tag zubereiten muss und die Arbeitstage um halb sechs beginnen und erst abends um sieben, halb acht enden – all das erwähnt er nicht. Bloß keinen Fehler machen, bloß nichts Falsches sagen.

Bei der Entscheidung, wem sie die Verantwortung für die Kombüse übertragen, sind für die Reedereien zwei Faktoren maßgeblich: die Empfehlungen der Köche, bei denen die Bewerber als Steward mitgefahren sind, und die Zufriedenheit der Mannschaft. In Radovans Fall war das Urteil eines älteren Filipinos ausschlaggebend, der fand, dass er nun reif sei für seinen ersten Einsatz als Schiffskoch. Zum Abschied schenkt er ihm die »One-Dish-Bible«, ein Kochbuch aus Kanada mit »150 fabulous one-dish-recipes«, wie es im Untertitel heißt. Es ist ihm seitdem ein treuer Begleiter. Auf dass nicht irgendwann der Kapitän bei ihm in der Küche auftaucht und sagt: »Wir müssen uns mal unterhalten.«

Dass so etwas geschieht, hat Michael Brandhoff schon erlebt. Der technische Direktor der Reederei Hamburger Lloyd, zu deren Flotte die »Barmbek« gehört, hatte eines Tages einen besorgten Kapitän am Telefon. »Schickt so schnell wie möglich einen neuen Koch. Bis dahin helfen wir uns selbst.« Da der Reederei die gute Versorgung ihrer Schiffe sehr am Herzen liege, habe er den Koch im nächsten Hafen von Bord geholt, erzählt Brandhoff am Telefon in der Hamburger Zentrale. Geht es um die Verpflegung der Mannschaften, kennt er kein Pardon.

So wenig Radovan auch spricht: Man merkt ihm an, wie sehr er alles daransetzt, dass ihm das nicht passiert. »Mein Ziel ist es, die Mannschaft mit meinem Essen glücklich zu machen«, sagt er. Was er nicht sagt: Er hat nicht sieben Jahre lang den Küchenboden geschrubbt, um dann gleich bei seinem ersten Einsatz vorzeitig nach Hause geschickt zu werden. Es ist vier Uhr. Noch eineinhalb Stunden bis zum Abendessen.

Auf Seite 186 der »One-Dish-Bible« steht das Gericht, das Radovan für das heutige Abendessen ausgewählt hat: »Kantonesisches Schwein«, eine Variation von süßsaurem Schweinefleisch mit Ananas, Dosentomaten und Worcestershire-Sauce. Es ist Radovans Lieblingsrezept. Er stellt eine Pfanne auf eine der sechs Herdplatten, gibt Öl hinein, wartet, bis es heiß ist, und brät dann darin einen großen Berg Schweinefleischstreifen an, bis sie von allen Seiten gebräunt sind. Wirft die Dosenananas und die Tomaten dazu. Vergewissert sich immer wieder, dass er die Schritte einhält, wie sie im Kochbuch beschrieben sind. Unterstützung erhält er dabei von einem Mann, der aussieht, als sei er Radovans jüngerer Bruder. Francis Siddayo, ebenfalls von den Philippinen, zwanzig Jahre alt. Er hat an Bord der »Barmbek« die Aufgabe, die früher diejenige Radovans war: Er ist der Steward.

Radovan gibt die Worcestershire-Sauce, den Zucker, die Pilze, Salz und Essig zu und lässt das Ganze köcheln. Stellt einen großen Topf Wasser auf den Herd für den Reis und geht anschließend gemeinsam mit Siddayo in die Provianträume ein Deck tiefer und holt Salat und frisches Gemüse.

Ein kurzer Spaziergang vor dem Abendessen reicht aus, um zu sehen, was Bilic meinte, als er sagte: »Die Schiffe werden immer größer und die Kammern, in denen wir schlafen, immer kleiner. Die Reedereien versuchen, ihren Profit zu maximieren. Das ist normal in unserer Zeit. Das Essen ist deshalb unsere letzte Verteidigungslinie. Wenn sie jetzt auch noch anfangen, am Essen zu sparen, gibt es irgendwann überhaupt keinen Grund mehr, warum man hier arbeiten sollte.« Das Containerschiff hat den Charme einer schwimmenden Fabrikhalle. Grelles Licht im

Treppenhaus, das die Stiegen bis in den letzten Winkel ausleuchtet. Stahltüren, die satt ins Schloss fallen. Ölige Gänge und rostige Leitern zwischen den Containern im Freien.

Das Wenige, das es an Bord gibt, um in der Freizeit auf andere Gedanken zu kommen: ein Fernseher mit DVD-Player. Je ein Aufenthaltsraum für die Mannschaft und die Offiziere, in denen beide Gruppen tun dürfen, wonach ihnen der Sinn steht, solange sie am nächsten Morgen pünktlich zur Arbeit erscheinen. So sitzen die einen auf Deck 6 und singen Karaoke und die anderen auf Deck 10 und singen nichts. Über den Rest hüllen sich alle in Schweigen. Und ein Fitnessraum auf Deck 5. Darin: ein Ergometer, ein paar Hanteln, eine Dusche und eine Sauna mit den Ausmaßen einer Einzeltoilette. Wer zum körperlichen Ausgleich Sport treiben möchte, kann entweder die Treppen hinauf- und hinunterrennen, an den Leitern zwischen den Containern auf und ab klettern oder Basketball spielen, zumindest im Sommer. Dann bringen die Männer auf einer Freifläche zwischen den Containern und dem Turm, auf dem ganz oben auf Deck 13 die Brücke alles überragt, Körbe an und spannen an den Seiten Netze auf. Damit der Ball nicht ins Meer segelt.

In dieser Umgebung verbringen die Männer mehrere Monate. Jede Minute des Tages, jeden Tag der Woche, jede Woche des Monats. Seeleute verlassen das Schiff in der Regel nur noch, wenn sie zurück in die Heimat fliegen. Von der Zeit, in der Schiffe vier bis sechs Wochen im Hafen lagen und die Männer genug Zeit hatten, in den Rotlichtbezirken das an Leben aufzutanken, was sie auf hoher See wieder verfeuerten, ist die moderne Schifffahrt so weit entfernt wie Rio de Janeiro von Rotterdam. Die durchschnittliche Verweildauer eines Containerschiffs beträgt zwischen sechs und acht Stunden. Da bleibt für die Männer gerade noch genug Zeit, um sich von lokalen Händlern Zigaretten, Alkohol und Telefonkarten an Bord bringen zu lassen und Leih-DVDs, die sie beim nächsten Halt gegen neue Filme eintauschen. Und selbst wenn ein Schiff mal länger vor Anker liegt: Die Häfen sind zumeist derart weit von den Stadtzentren entfernt, dass ein Ausflug zu den Vergnügungsvierteln zu viel Zeit und auch Geld kosten würde. Ob sie gerade in Hamburg liegen oder in Helsinki, erkennen viele Seeleute nur noch an der Außentemperatur. Und vielleicht noch an der Marke der Zigaretten, die sie angeboten bekommen.

Es ist kurz vor halb sechs. Radovan und Siddayo haben das Essen rechtzeitig fertig bekommen. Langsam tröpfeln die Männer in die Messen. So werden in der Seefahrersprache die Räume genannt, in denen gegessen wird. Von der Kombüse gehen drei Türen ab. Die eine ist die zum Flur. Die zweite verbindet die Kombüse mit der Mannschaftsmesse. Das ist der Raum, in dem die unteren Dienstgrade auf einfachen Holzstühlen an zwei langen Funktionstischen mit Lacktischdecken sitzen. Auf einem Sideboard steht ein Dampftopf, in dem Tag und Nacht warmer Reis bereitsteht. Darüber an der Wand: Einsatzpläne und Verhaltensregeln für den Brandfall. In der Ecke hängt ein Fernseher auf Standby.

Auf der gegenüberliegenden Seite liegt die Tür zur Offiziersmesse. Dort essen der Kapitän, seine Offiziere und die Ingenieure. Ohne Fernseher, dafür mit gepolsterten Stühlen und zwei runden Tischen mit je vier Plätzen, über deren Stofftischdecken durchsichtige Plastikfolien gespannt sind. Damit auch sie sich besser abwischen lassen. Anders als früher bekommen

Mannschaft und Führungscrew heute das Gleiche zu essen. Es gibt keine Trennung mehr in oben und unten. Aber dafür noch in links und rechts. In der Offiziersmesse links sind das Schweinefleisch, der Reis, der frische Salat auf silbernen Platten angerichtet. Die Mannschaft rechts muss sich das Essen selbst holen. Dafür hat sie offenkundig aber auch mehr Spaß am Essen.

In der Mannschaftsmesse sitzen elf Filipinos und der Chinese aus dem Kontrollraum. Sie plappern, als hätten sie sich schon lange nicht mehr gesehen. In der Offiziersmesse dagegen macht es den Anschein, als hätten sich die Männer schon viel zu oft getroffen. Schweigend betreten sie der Reihe nach den Raum, füllen ihre Teller und setzen sich an ihren Platz. Nur der Kapitän Dimitrij Secin, mit höchstens Mitte dreißig überraschend jung für einen Alten, und sein Erster Offizier Igor Olov sprechen leise miteinander. Beide stammen aus Litauen. Der Rest schaufelt das Essen in sich hinein, als wäre jeder froh, wenn er die Messe schnell wieder verlassen kann.

Dann betritt Dusko Bilic den Raum. Den Overall hat er abgelegt. Darunter kommen ein blaues T-Shirt, Boxershorts und Wollsocken in Lederpantoffeln zum Vorschein. Bilic ist nicht der Typ, der sich von der Redefaulheit seiner Kollegen die Lust am Plaudern verderben lassen würde. Dafür hat er zu viel Spaß am Essen – wenn es gut ist. Mit einem ordentlich gefüllten Teller setzt er sich an seinen Platz und beginnt zu erzählen. Von dem schwedischen Koch zum Beispiel, mit dem er einmal unterwegs war. »Der war mit einer Französin verheiratet. Man weiß ja, dass die Schweden keine besondere Küche haben. Aber von ihr hatte er gutes Essen gelernt. Wenn er an Bord war, gab es mittags acht verschiedene Käsesorten und dazu ein Glas Rotwein. Da wurde das Essen richtiggehend zelebriert.« Oder von dem Kollegen, der ihm berichtete, dass er auf einem Chemietanker mit einem französischen Koch fuhr. »Dort wurde abends zwei Stunden lang gegessen. Zwei Stunden!« Bilic lächelt nicht, während er davon erzählt. Er ist kein Mann, der seine Empfindungen nach außen kehren würde.

Es verhält sich bei ihm genau umgekehrt zum Koch: Während Radovan auch dann lächelt, wenn es nichts zu lächeln gibt, verzieht Bilic keine Miene, wenn es Grund dazu gäbe. Können zwei so unterschiedliche Männer beim Essen zueinanderfinden?

»Bislang kann ich mich nicht beschweren«, sagt Bilic. »Wir sind immer nur zehn Tage unterwegs, bis wir wieder Hamburg erreichen. Das bedeutet, dass wir immer genug frisches Obst und Gemüse an Bord haben. Anders als bei einer Reise nach, sagen wir, Argentinien, auf der nach zehn, fünfzehn Tagen die Frischware ausgeht.« Auch Bilic ist sich bewusst, dass jeder Koch immer nur so gut ist wie die Lebensmittel, mit denen er arbeiten kann.

Das Prozedere, wie der Proviant an Bord kommt, ist inzwischen genauso rationalisiert wie jeder andere Arbeitsschritt auf so einem Schiff. Einmal im Monat gibt der Koch seinen Wunschzettel beim Kapitän ab. Der kontrolliert den Speiseplan, ergänzt hier und streicht dort und schickt die Bestellung per E-Mail anschließend an einen Schiffsausrüster wie »Basté & Lange« im Hamburger Hafen. Dort sitzen Menschen, die Tag für Tag vor der Herausforderung stehen, das richtige Maß zu treffen zwischen Wirtschaftlichkeit einerseits und Wohlbefinden andererseits. Und das erfordere oft ein Fell »so dick wie Leder«, sagt Sebastian Schoss, der in einem von 900 Leitz-Ordnern umstellten Konferenzraum sitzt. Jeder Einzelne steht für ein Schiff wie die »Barmbek«.

Bei der Bearbeitung der Bestellungen haben die zwanzig Mitarbeiter zweierlei im Blick. Auf der einen Seite das Budget. Das bemisst sich nach der Größe der Mannschaft und dem Tagessatz, den die Reederei pro Kopf festgelegt hat. Auf der anderen Seite die Bedürfnisse der Mannschaft, die gut und reichlich essen möchte. »Weil wir wissen, wie wichtig das Essen für die Moral ist, versuchen wir, auch das möglich zu machen, von dem wir uns denken: Kann man das essen? Quallen zum Beispiel oder Hühnerfüße«, erzählt Schoss.

Die Grenzen sind dann erreicht, wenn ein Koch und sein Kapitän partout auf einer bestimmten Menge bestehen, die der Schiffsausrüster nicht liefern kann – oder nicht will. Denn die Kosten für Lebensmittel, die in den Vorratskammern verschimmeln, tragen weder die Besatzung noch die Reedereien – die tragen die Ausrüster.

Dabei ist Geld gar nicht der maßgebliche Faktor, wenn es um die Zusammenstellung der Lebensmittel geht. Im Vergleich zu den anderen Ausgaben, die für den Schiffsbetrieb anfallen, macht das Essen am Gesamtbudget einen verschwindend geringen Anteil aus. »Wenn der Kapitän den Motor eine Viertelstunde zu lang laufen lässt, kommt das die Reederei teurer als das Proviantbudget für ein ganzes Jahr«, erklärt Schoss. Andererseits hat aber auch er registriert, dass manche Reedereien bereits damit begonnen haben, an den Kosten fürs Essen zu sparen. »Wir versuchen, das Beste herauszuholen. An der Qualität sparen wir nie. Wenn, dann nur an der Menge. Manchmal führt das natürlich zu Meinungsverschiedenheiten. Dann sind Fingerspitzengefühl und Erfahrung gefragt.« Und manchmal auch Kreativität. Weil es in bestimmten Gegenden der Welt etwa nicht möglich ist, gefrorenes Fleisch in ausreichender Qualität zu organisieren, mussten Schoss' Kollegen auch schon mal eine lebende Ziege organisieren. Zum Dank schickte die Besatzung ein Foto, auf dem die an den Hinterläufen aufgehängte Ziege gerade am Ausbluten war.

Das sind Herausforderungen, mit denen sich Radovan nicht herumschlagen muss. Die Versorgungslage an Bord der »Barmbek« ist so gut, dass er stets aus dem Vollen schöpfen kann. Das bedeutet aber auch, dass er keine Ausreden hat. Wenn das, was bei Bilic auf dem Teller landet, nicht schmeckt, liegt es nur an ihm.

Die Offiziersmesse hat sich bereits geleert, als Siddayo, der Steward, den Teller von Bilic' Platz nimmt und ihn leise fragt, wie er sein Eis haben möchte. Sonntag ist der einzige Tag, an dem es nach dem Hauptgang noch ein Dessert gibt. Bilic bestellt drei Kugeln mit Sahne und Schokoladensauce. Auf die Frage, wie sein Urteil über Radovans »Kantonesisches Schwein« ausfalle, muss er nicht lange überlegen. »Nicht so schlecht, würde ich sagen. Nicht so schlecht.« Es ist das größte Kompliment, das ein Mann wie Bilic seinem Schiffskoch machen kann.

SCHAUKÜCHE

DALINO
F. ALARCON

Dalino Alarcon hat den Job vom Kartoffelschäler auf gelernt. Bevor er selbst Chiefcook wurde, arbeitete er zwölf Jahre lang zunächst als Messmann – Gemüse schneiden, Tisch decken, den Offizieren das Essen servieren, Boden wischen – und dann als Hilfs- und Assistenzkoch.

Jeder seiner Lehrmeister erteilte eine andere Lektion. Einem war es nur wichtig, dass das Geschirr sofort gespült und die Servietten stets akkurat gefaltet sind. Ein anderer legte Wert darauf, dass er beim Bedienen eine gute Figur machte und seinen Küchenchef bloß nicht vor dem Kapitän blamierte. Und ein dritter brachte Alarcon ein paar der Feinheiten bei, auf die es bei diesem Job wirklich ankommt.

Zum Beispiel, dass jeder, der an der Galley vorbeikommt, die Küchencrew arbeiten sieht. Kochen, spülen, wischen – egal was. Die Emsigkeit darf nie pausieren. Andernfalls heißt es schnell: »Die da unten in der Küche, die schieben eine ruhige Kugel.« Passiert das zu oft, wird auch das Essen als schlechter wahrgenommen, ohne dass sich an der Arbeit in der Küche tatsächlich etwas verändert hat. »Dann beginnen die Leute plötzlich zu nörgeln.« Bis sich schließlich der Kapitän fragt, was die Küchencrew den ganzen Tag so treibt. Und wenn der erst einmal selbst in der Küche steht, um sich ein Bild zu machen, dauert es oft nicht mehr lange bis zur Ablösung.

Alarcon ist so etwas noch nicht passiert. Dafür ist der Mann schlicht zu erfahren. Und damit das auch niemandem widerfährt, der unter ihm arbeitet, gibt er sich große Mühe, seine Leute gut auszubilden. Er erklärt viel, leitet seine Männer an und ist ein Vorbild, an dem sich jeder orientieren kann. Nicht nur wenn jemand durch die offene Küchentür blickt.

DALINO F. ALARCON

Republik der Philippinen
Geb. 1961 / Schiffskoch seit 1997 / an Bord der »MV Reinbeck«

BEEF
WELLINGTON

Tipp

Für 8 Personen

Ich empfehle Rinderfilet. Das ist schmaler und im Geschmack zarter als Roastbeef.

Das Pilz-Duxelles bildet eine Art Mantel, damit der Fleischsaft nicht ausläuft. Meine Empfehlung: Zu den 1 kg klein geschnittenen Champignons noch 6 TL Tomatenmark, 80 ml Rotwein, 2 gehackte Knoblauchzehen und 1 Bund gehackte glatte Petersilie hinzufügen.

Zwiebeln und Knoblauch anschwitzen, Champignons dazugeben. Das Tomatenmark dazu, alles verrühren. Mit Rotwein ablöschen und unter ständigem Rühren 10 bis 15 Minuten kochen, bis die Flüssigkeit verdünstet ist.

Blätterteig ausrollen, den Schinken darauf verteilen, das ausgekühlte Pilz-Duxelles verteilen, das Fleisch darauflegen, alles einrollen und in den Ofen schieben.

Zutaten:

1,5 kg Roastbeef

150 g Butter

1 kg Blätterteig

50 g Zwiebeln, gehackt

8 große Scheiben gekochter Schinken

1 kg Champignons

Zubereitung:

1. Das Fleisch golden braun anbraten und zum Kühlen zur Seite stellen
2. In einer Pfanne Zwiebeln und Champignons anbraten und anschließend ebenfalls kühlen lassen
3. Den Blätterteig vorbereiten, die Pilzmischung verteilen und darauf das Fleisch legen. Einrollen und mindestens 45 Minuten lang backen

POMMES
MACAIRE

Pommes macaire sind im Original durchgedrückte Kartoffeln mit Speck, Zwiebeln und Kräutern. Bei dieser Version ist geriebener Käse vorgesehen. Finde ich auch in Ordnung.

Zutaten:

8 bis 10 medium kochende Kartoffeln

Eigelb und Speisestärke

25 g Butter

50 g Edamer

Sahne

Salz und Pfeffer

Ein tolles Gericht aus Frankreich. Sehr arbeitsintensiv, aber auch sehr lecker. An Bord wahrscheinlich das Weihnachtsessen.

Zubereitung:

1. Die Kartoffeln weichkochen und anschließend auskühlen lassen

2. Die Kartoffeln schälen

3. Die Kartoffeln durch eine Kartoffelpresse drucken

4. Eigelb und Speisestärke für die Bindung hinzugeben

5. Käse, Sahne und Gewürze hinzufügen

6. Rollen und auskühlen lassen

7. In Scheiben schneiden und rechts und links kurz anbraten

ERSATZFAMILIE

GAUDENCIO
D. BAGUINON

Seit knapp drei Jahrzehnten fährt Gaudenico Baguinon zur See. Wie bei vielen seiner Kollegen ist es nicht die Reiselust und die Liebe zum Meer, die ihn davon abhalten, wieder festen Boden unter die Füße zu bekommen. Es sei vielmehr der Verdienst. »Davon hängen in meiner Heimat eine Menge Leute ab«, erzählt er in der Mittagspause. Durch das Bullauge beobachtet er, wie direkt unter ihm im Sekundentakt Neuwagen über die Rampen rollen. Sein aktueller Arbeitsplatz ist ein Autotransporter, der Tausende von Fahrzeugen vom einen Ende der Welt zum anderen schafft. Die »Hoegt St. Petersburg« sieht aus wie ein schwimmendes Parkhaus.

Baguinon mag seinen Job nicht nur wegen des Geldes. Sicher, die Arbeit ist anstrengend. »Hin und wieder hat man Heimweh und verpasst, wie daheim die Kinder groß werden«, sagt er. Andererseits fallen ihm genügend andere Berufe mit diesen Härten ein, bei denen man nicht im Ansatz eine solche Erfüllung erlebt wie er beim Kochen. Wo sonst wird man so unmittelbar mit den Reaktionen auf die eigene Arbeit konfrontiert?

Also setzt man sich besser zusammen, spricht miteinander und lernt sich besser kennen. Und wenn sich alle ein bisschen Mühe geben, füllt sich die Messe jeden Tag mit fröhlichen Stammgästen. Und das ist doch fast wie in einer richtigen Familie.

GAUDENCIO D. BAGUINON

Republik der Philippinen
Geb. 1959 / Schiffskoch seit 1984 / an Bord der »Hoegt St. Petersburg«

CALDERETA

Zutaten:

Für 4 bis 6 Personen

Es gibt zwei verschiedene
Caldereta-Rezepte in
diesem Buch. Bei diesem
gibt es einen wesentlich
höheren Zwiebelanteil.
So wie man
das von klassischen
Gulaschgerichten kennt.
Fleisch und Zwiebeln sind
im Verhältnis 1:1.
So liefern die Zwiebeln die
Bindung für die Sauce.
Mir schmeckt diese
Version besser.

1 kg Rinderfilet

250 g Leber

¼ Becher Olivenöl

2 EL Knoblauch, gehackt

250 g Zwiebeln, klein geschnitten

½ Becher geschälte Tomaten

¾ Becher rote Paprikaschoten

¾ Becher grüne Paprikaschoten

2-3 Becher Rinderfond

1 EL Tomatenmark

½ Becher grüne Oliven

3-4 Stücke Chili, gehackt

1 EL Maisstärke, in Wasser gelöst

½ Becher Sahne

½ Becher Raspelkäse (z.B. Queso de Bola)

1 Paprikaschote in Scheiben geschnitten

Zubereitung:

1. Öl in Pfanne erhitzen und den Knoblauch, die Zwiebeln und die Paprikaschoten anbraten

2. Rinderfilet und Leber würfeln und dazugeben. 2-3 Minuten anbraten und dann Leber entfernen

3. Rinderfond, Tomaten und Tomatenmark zugeben. Köcheln lassen, bis das Rind zart ist

4. Mit Pfeffer und Salz würzen und anschließend Oliven, Chili und Maisstärke zugeben. Leber zerdrücken und zugeben

5. Alles kochen, bis die Sauce angedickt ist, und anschließend Sahne und Käse hinzufügen

6. Auf Teller servieren und mit Paprikaschote in Scheiben dekorierenn

CAPTAIN'S CHOICE

LUDOVICIO A. VELASCO

Ein Bild von einem Schiffskoch! Ludovicio Velasco ist eine Respektsperson. Er wahrt Distanz zum Rest der Küchencrew. Nörgelt auch gern mal herum, ohne dass es für ihn selbst oder seine Umgebung allzu anstrengend wird. Den Job macht er letztlich, um seiner Familie ein schönes Leben zu ermöglichen.

Velasco steht seit Anfang der Neunzigerjahre als Chiefcook in der Galley, die Routine ist so etwas wie eine Basiszutat seiner Gerichte. Während er das Mittagessen kocht, arbeiten ihm der zweite Koch und sein Steward wortlos zu. Sie wissen, was der Chef möchte. Seine Bedeutung auf dem Schiff beschreibt er gelassen: »Ist der Koch gut, dann hat er nahezu unbeschränkte Freiheit. Und alle, auch die Offiziere und sogar der Kapitän, behandeln ihn mit Respekt und versuchen, ihm die Arbeit zu erleichtern, wo immer es geht. Außer dem Kapitän gibt es an Bord niemanden, der so eigenverantwortlich arbeiten darf wie der Chiefcook – wenn er gut ist.«

Ist der Kapitän mit seinem Koch zufrieden, bittet er die Reederei: Lasst mir den bloß auf meinem Schiff! Hat man es als Koch erst einmal so weit geschafft, muss man sich keine Sorgen um die Familie machen und kann seine Kinder zur Universität schicken.

So ist es Velasco in über zwei Jahrzehnten gelungen, sich eine Art Beamtenstatus zu erarbeiten. Für ihn ist das allerdings kein Grund, in unnötigen Jubel auszubrechen. Es lässt ihn allenfalls ein bisschen weniger nörgeln.

LUDOVICIO A. VELASCO

Republik der Philippinen
Geb. 1958 / Schiffskoch seit 1989 / an Bord der »NYK Adonis«

LAMM

BIRYANI

Zutaten:

Für 4 Personen

Das ist ein indisches Nationalgericht, das man so in keinem indischen Restaurant in Europa bekommt. Es ist genauso zubereitet wie in Indien. Das macht es interessant. Es ist für unsere Geschmacksnerven aber eine kleine Herausforderung.

800 g Hammelfleisch

300 g Zwiebeln

20 g Ingwer

20 g Knoblauch

10 g Koriander-Pulver

25 g geraspelte Kokosnuss

80 g Mohnsamen

3 g Nelken

1 g Zimt und Kardamom

Salz und Pfeffer

100 g Joghurt

Öl

Es ist unglaublich scharf. Wir haben bei 800 Gramm Fleisch 20 Gramm Chilipulver. Die Schärfe überlagert die orientalischen Gewürze leider. Man braucht viel Reis, sonst kann man es nicht essen. Und ich habe statt der angegebenen 20 Gramm schon nur 1 TL genommen.

5 grüne Chili-Schoten

20 g Chilipulver

800 g Reis

Zubereitung:

Ich habe eine Handvoll Tomaten dazugegeben, die für ein solches Gericht typisch sind.

Das Fleisch in der Sauce je nach Qualität garen, mindestens aber 60 Minuten.

1. Öl in Pfanne erhitzen und Mohnsamen, Zwiebeln, Ingwer, Knoblauch, Koriander, Chilis, Chilipulver und Nelken anbraten

2. Joghurt zugeben und mit Pfeffer und Salz abschmecken

3. Das Lamm anbraten

4. Reis kochen, mit Zimt und Kardamom würzen und anrichten

5. Mit geraspelter Kokosnuss dekorieren

ERICH HORLITZ

PROVIANT AUF VIER BEINEN

Um die Arbeit in der Kombüse machte der junge Matrose Erich Horlitz immer einen Bogen. Doch als an Bord die Kühlung ausfiel, kam er nicht umhin, seinem Essen selbst nachzujagen: einer kleinen Herde Schafe.

Wir waren gerade im Persischen Golf unterwegs, als die Kühlanlagen für den Proviant ausfielen. Das waren mannshohe Räume, in denen Fleisch und Gemüse lagerten. Warum die Kühlung schlappmachte, wusste niemand. Wahrscheinlich hätte man sie besser warten sollen. Eigentlich hätten wir die Reise so nicht fortsetzen können. Wir waren mit einer dreißigköpfigen Besatzung unterwegs, die jeden Tag satt werden wollte. Bei dieser Hitze, so schätzte unser Koch, reichten die Lebensmittel nur noch für zwei Tage. Den nächsten Hafen anzulaufen, um dort auf Ersatzteile zu warten, von denen keiner sagen konnte, wann sie eintreffen würden, das kam für den Kapitän nicht in Frage. Er war ein verschlossener, unnahbarer Typ, den wir selten zu Gesicht bekamen. Er zog sich auf die Brücke zurück und heckte eine Lösung aus, die mich vor eine der größten Herausforderungen meiner Seefahrtslaufbahn stellen sollte.

Es war das Jahr 1957, ich war zwanzig Jahre alt. Vier Jahre zuvor war ich Schiffsjunge geworden. Schon mein Vater war zur See gefahren. Mit dreizehn Jahren durfte ich während der Sommerferien bei meinem zwei Jahre älteren Bruder auf einem Küstenmotorschiff mitarbeiten. Stutzig machte mich allerdings so manche Geschichte, die er zu Hause erzählte. Er hatte auf einem kleinen Schiff angefangen, wo er noch selbst kochen musste. Das war so üblich: Es war die Aufgabe des Schiffsjungen, etwas Warmes auf den Tisch zu bringen. Nebenbei musste er aber auch wie die anderen an Deck mitarbeiten. Gleich auf seiner ersten Reise bekam er das Feuer nicht in Gang. Damals wurde noch mit Kohle und Holz geheizt. Immer wieder wurde er herausgerufen und musste an Deck helfen. Es ging auf Mittag zu, noch nicht einmal die Kartoffeln waren gekocht. In seiner Not kippte er einen Schluck Gasöl über die Kohlen, hielt ein Streichholz ran – und rumms! hatte er keine Augenbrauen mehr. Zu der Zeit hieß es noch, eine Ladung Mehl auf Brandwunden würde helfen. Also warf er sich eine Handvoll ins Gesicht. Genau in dem Moment kam einer der Matrosen in die Kombüse und rief: »Was hast du Idiot denn nun wieder gemacht?« Auf die Idee, sich um die Brandwunden zu kümmern, kam er nicht. Er schnauzte meinen Bruder an: »Reiß dich zusammen und arbeite weiter.«

Nein, sagte ich mir, als ich anfing, in die Kombüse gehst du auf keinen Fall. Dann lieber Klo schrubben. Ich suchte mir von Beginn an ein größeres Schiff mit eigenem Koch. Doch nach den ersten Wochen fragte ich mich dennoch, ob das der richtige Beruf für mich war. Tagsüber putzte ich die Toilette und servierte das Essen, abends lag ich seekrank in der Koje. So hatte ich mir die Seefahrt nicht vorgestellt. Ich aß kaum und hatte Heimweh. Nach der Rückkehr von meiner ersten Reise spielte ich mit dem Gedanken, mir etwas anderes zu suchen. Ich hatte zwar keine Vorstellung, was das sein sollte, aber alles erschien mir besser, als noch einmal auf ein Schiff zurückzukehren. Mein Vater vertrat jedoch den Standpunkt, dass man auch zu Ende bringen müsse, was man angefangen hat. Heute bin ich ihm dafür dankbar.

So gelangte ich wenige Jahre später auf das Schiff mit der ausgefallenen Kühlung und dem Kapitän, der sich etwas einfallen lassen musste. Er kam auf diese Lösung: Wenn wir Fleisch nicht länger kühlen konnten, mussten wir es eben lebend an Bord holen. Über einen Schiffsmakler organisierte er Schafe, die im Hafen von Maskat auf uns warteten. In jedem Hafen gibt es solche Leute, die Proviant und Ersatzteile besorgen. Die Schafe kamen an Bord und wir setzten die Reise fort. Untergebracht wurden sie direkt unter der Back, dem Vorderschiff. Dort befand sich ein Hohlraum, in dem normalerweise Taugut und Farbtöpfe verstaut waren. Der Zimmermann baute ein hüfthohes Gatter, über das die Schafe blicken konnten. Sie bekamen Kartoffelschalen zu fressen und das alte Seegras aus den verrotteten Matratzen, über das sie sich mit Begeisterung hermachten. Es hatte den Anschein, als fühlten sie sich bei uns wohl.

Doch nach wenigen Tagen ging das Fleisch zur Neige und das erste Tier musste geschlachtet werden. Der Koch weigerte sich. »Ich bin Koch und kein Metzger«, sagte er. Ich war zu der Zeit einer der Matrosen, und der Bootsmann, der an Bord die Aufgaben verteilte, entschied, dass jeder von uns einmal ranmusste. Doch auch ich weigerte mich. »Nein«, sagte ich, »macht, was ihr wollt, ich schlage kein Tier tot.« Natürlich wurde ich als Weichei verspottet, aber das war mir egal.

Es war der Zimmermann, der mich rettete. Er sagte, er habe so etwas schon einmal gemacht. Wir trieben das erste Schaf übers Deck. Es wurde immer unruhiger und fing an zu zappeln. Zwei Matrosen mussten es festhalten. Der Zimmermann nahm eine Feueraxt. Das war kein besonders ansehnlicher Anblick, aber dafür bekamen wir in den kommenden Tagen etwas An-ständiges zu essen. Gerichte wie Irish Stew zum Beispiel. Obwohl ich kein großer Schafesser bin, schmeckte mir das ganz gut. Ohne die Schafe hätten wir uns nur von Schiffszwieback und Dosengemüse ernähren können. Aber ich muss auch gestehen: Das Essen stand zu meiner Zeit nicht so sehr im Vordergrund. Die täglichen Mahlzeiten waren für mich nie mehr als Mittel zum Zweck. Da ich regelmäßig seekrank wurde, konnte ich Nahrung ohnehin nur im Hafen wirklich mit Freude zu mir nehmen.

Außerdem war die Verpflegung lange nicht so gut wie heute. Wir mussten zwar nie hungern. Auf den großen Schiffen wurden wir nach der so genannten Speiserolle verpflegt, in der

Mengenempfehlungen festgeschrieben waren, an die sich die Reedereien zu halten hatten. Aber es gab Mahlzeiten, die ich von zu Hause nicht kannte und die mir auch nicht gut schmeckten. Labskaus oder Saucen, auf denen das Fett schwamm.

Ein Koch ist mir in besonders schlechter Erinnerung geblieben. Er hatte immer einen Topf auf dem Herd stehen, in den er alles warf, was vom Essen übrig geblieben war: Saucenreste, Knochen, Fleisch, einfach alles. Wir nannten ihn den Schweinesaucentopf. Er wurde nie leer und das ganze Jahr über machte der Koch daraus seine Saucen. Es war scheußlich. Eines Nachts packte ein Matrose in einer Nachtwache den Topf und warf ihn über Bord.

Für Abwechslung mussten wir schon selbst sorgen. Auf einer Fahrt nach Asien hatte einer aus der Mannschaft die Idee, wir könnten doch mal versuchen, einen Hai zu fangen. Die Männer aus dem Maschinenraum bauten eine kleine Winde mit Draht und einem großen Haken. Daran hängten wir ein Stück Fleisch, das wir vorher in Tierblut getunkt hatten. Während der Fahrt versuchten wir, einen Fisch an die Angel zu bekommen. Weil der Haken allerdings immer aus dem Wasser sprang, biss kein einziger an. Stattdessen erwischten wir einen Albatros. Wir mussten uns vom Kapitän anhören, welch erbärmliche Tierquäler wir seien. In einem indischen Hafen hatten wir dann mehr Erfolg mit den Haien. Dadurch hatte ich auch zum ersten Mal Haifischhaut zwischen den Fingern. Obwohl sie so glatt aussieht, ist sie rau wie Schmirgelpapier.

In der Regel aßen wir ohne Murren, was der Koch uns vorsetzte. Wir hatten ja viel mehr Gelegenheiten, uns von der Arbeit abzulenken, als nur das Essen. Wir konnten von Bord gehen und uns etwas von den Ländern ansehen, in denen wir vor Anker lagen. Meistens blieben wir mehr als eine Woche im Hafen, bis die Ladung gelöscht und neue an Bord war. So konnten wir uns das Landesinnere ansehen, es wurden Touren organisiert, zu den Victoriafällen oder den Pyramiden.

Auch an Bord gab es immer wieder Pausen, in denen man sich richtig entspannen konnte. Vor dem Essen trafen wir uns an der Bar und nahmen einen Martini. Danach tranken wir Kaffee, rauchten eine Zigarette, erzählten Unsinn und legten uns hin – Mittagsschlaf. Mit den Containerschiff änderte sich alles. Man darf nicht glauben, dass man heute noch große Kartenrunden auf Containerfrachtern findet. Die Leute haben Dienst, setzen sich in die Kantine, und dann müssen sie zurück an die Arbeit.

In die Küche gehe ich auch heute nur, um mir mal ein Spiegelei zu braten. Warum ich partout nicht kochen mag, kann ich nicht erklären. Ich habe es nie gelernt und meine Zeit in der Seefahrt hat die Lust nicht gesteigert. Nur eines hat sich im Vergleich zu früher geändert. Ständig möchte ich wissen, was es am folgenden Tag zu essen gibt. Es muss aber nicht unbedingt Schaf sein. Schwein und Rind sind mir lieber.

ERICH HORLITZ

Jahrgang 1937, hatte nahezu alle Posten vom Schiffsjungen bis zum Schiffsoffizier inne, bevor er im Alter von sechsundzwanzig Jahren sein Kapitänspatent machte und 1970 Elblotse wurde. Seekrank wurde er aber auch in dieser Funktion noch regelmäßig – bis zur Pension im Alter von vierundsechzig Jahren.

AUCH SCHWARZBROT IST SOULFOOD

WESLEY
PACES

Der schweigsame Inder mit dem großen Herzen musste zu seinem Glück erst gezwungen werden. »Früher war die Küche das Reich meiner Frau, das mich nicht interessiert hat«, erzählt Wesley Paces.

Daran hätte sich bis heute nichts geändert, wenn seine Frau nicht für einige Tage zu ihrer Mutter hätte verreisen müssen. »Plötzlich stand ich am Herd und es war wie eine Erleuchtung. Von diesem Moment an konnte ich mit dem Kochen nicht mehr aufhören, auch lange nachdem meine Frau zurückgekehrt war.«

Für Paces besteht Kochen aus mehr als nur der möglichst schmackhaften Zubereitung von Speisen. Kochen ist für ihn eine Kunst, die Fantasie, Kreativität und Einfühlungsvermögen erfordert. Essen hält er für einen Ausdruck von Kultur und Zivilisation. Beides müsse man gerade an Bord eines Schiffes hochhalten, wo die gemeinsamen Mahlzeiten zu den wenigen Momenten gehören, in denen ein Gefühl von Zuhause entstehen kann.

Paces versteht sich nicht nur als Koch. Er bemüht sich um Stimmung und Moral an Bord, ist Seelsorger seiner Mannschaft. »Zu mir können alle jederzeit kommen, egal mit welchem Problem.« Er hört zu und versucht zu helfen, zu trösten oder zu schlichten. Und wenn sich jemand nach einem Stück Schwarzbrot sehnt, um sein Heimweh zu lindern, wird Wesley sein Bestes tun, auch das möglich zu machen.

WESLEY PACES

Geb. 1950 / Schiffskoch seit 1996 / an Bord der »Cassiopeia Leader«

BEEF
BULALO

Zutaten:

Für 4 Personen

Klassisches geschmortes
Gericht. Eigentlich wie
das italienische Ossobuco.
Hier aber mit Fleisch vom
Rind statt vom Kalb und
mit Mais.

1 kg Beinscheibe vom Rind

3 Zwiebeln

2 Maiskolben

1 Strauß Frühlingszwiebeln

Genug Wasser, um das Fleisch in einem Bräter zu bedecken

1 TL schwarzer Pfeffer

1 TL Salz

Zubereitung:

1. Das Fleisch in 4 gleich große Scheiben schneiden

2. Die Zwiebeln schälen und vierteln

3. Die Maiskörner vom Kolben und lösen und jeweils in 3
Teile schneiden

4. Frühlingszwiebeln diagonal in daumenlange Stücke schneiden

Ich empfehle,
statt des Wassers
Brühe zu verwenden
und 0,2 l Rotwein
zuzugeben.

5. Das Fleisch in einen Bräter legen und mit Wasser übergießen, bis
es 5 Zentimeter über dem Fleisch steht

6. Zum Kochen bringen. Unmittelbar danach bei 180 Grad für 60 bis
80 Minuten in den Ofen schieben

7. Das Fleisch aus dem Wasser nehmen, vorsichtig den Knochen
herauslösen und das Fleisch zurück in den Topf geben

8. Nach 30 Minuten das Fett und die Verunreinigungen abschöpfen, die an der Wasseroberfläche schwimmen

9. Die Zwiebeln und den Pfeffer hinzugeben und für 2-3 Stunden köcheln lassen, bis das Fleisch zart ist

10. Den Mais unterrühren und für weitere 10 Minuten ziehen lassen

11. Salz hinzufügen

12. Das Fleisch aus der Sauce nehmen, die Sauce abschmecken, das Knochenmark entfernen und das Fleisch zurückgeben

13. Nochmals zum Kochen bringen und heiß servieren

HINSETZEN! ENTSPANNEN!

BO SANGALANG

Bo Sangalang macht keinen Hehl daraus, dass es vor allem das Geld ist, das aus ihm einen Koch gemacht hat. »Wer etwas anderes behauptet, ist nicht ehrlich«, sagt er und erzählt, dass man sich beim Bemühen, den Verdienst zu maximieren, ab und zu auch ordentlich verrechnen kann.

Einmal habe er einen traumhaften Vertrag unterschrieben. Toller Dampfer, tolle Reederei und sehr gutes Geld. Seine Begeisterung legte sich allerdings schlagartig, als er feststellte: Er war zwar Chiefcook, allerdings ohne Küchencrew. So musste er die gesamte Besatzung monatelang jeweils sechzehn Stunden am Tag allein versorgen. Seine Lektion: Gutes Geld allein reicht nicht aus, um sich als guter Koch zu fühlen. »Man muss den Job auch wirklich lieben, sonst gerät man schnell an seine Grenzen. Ständig kommen Leute an und wollen etwas wissen: wie das Wetter wird, wann das Schiff ablegt, wann es ankommt und wie der nächste Hafen heißt.«

Als Koch ist man immer auch der Seelsorger an Bord. Einige horchen sogar unverblümt nach, was wohl der Kapitän denke. Sangalang antwortet dann nicht: »Woher soll ich das denn wissen?« Sondern: »Jetzt setz dich erst mal hin.« Sangalang hat sich mit seiner Rolle arrangiert. »Aber ich bin Koch, kein Orakel.«

Sein Credo lautet: Wer in die Messe kommt, sucht etwas Entspannung, und wer wieder an die Arbeit geht, sollte sich besser fühlen als vorher. Woran er seinen Erfolg festmacht, kann er seinem Naturell entsprechend genau beziffern. »Achtzig Prozent Zufriedenheit jeden Tag – das ist das Mindeste, was ich von mir erwarte.«

BO SANGALANG

Republik der Philippinen
Geb. 1972 / Schiffskoch seit 1997 / an Bord der »Flottbek«

SCHWEINEKOTELETT
MIT DEMI-GLACE-SAUCE

Tipp

Zutaten:

Für 4 Personen

Die Demi-glace ist eine französische Bezeichnung für eine klassisch braune Sauce, die aus Knochen geröstet wird und mit Mehl abgebunden ist.

4 à 200 g	Schweinekoteletts
1	Zwiebel, gehackt
2 Zehen	Knoblauch, zerkleinert
	1 Tasse Rotwein
	150 g Butter
	2 EL Mehl

Zubereitung:

Sehr geschmacksintensiv. Das ist eines der Gerichte, wie sie mein Vater für mich gekocht hat: viel Zwiebeln, viel angebratenes Fleisch. Sehr lecker.

Die Garzeit im Ofen ist mir zu lang. Maximal fünf Minuten!

1. In einer großen Pfanne die Koteletts auf beiden Seiten braun anbraten und aus der Pfanne nehmen

2. In derselben Pfanne die Zwiebeln und den Knoblauch anbraten

3. Butter beigeben

4. Vorsichtig das Mehl beimengen, bis die Sauce angedickt ist

5. Wein zugießen und glatt rühren

6. Gegebenenfalls mit Wasser verhindern, dass die Sauce zu dick wird

7. Die Koteletts einlegen und das Ganze bei 175 °C 20 Minuten lang im Ofen garen lassen

8. Mit Salz und Pfeffer abschmecken

9. Mit Kartoffeln und Buttergemüse servieren

ER SPIELT IN DER WOK-BAND

ANTONIO
SANCHEZ

Dass der Schiffskoch nicht nur für die Verpflegung an Bord verantwortlich ist, sondern auch für die Stimmung, hatte Antonio Sanchez immer schon gewusst. Eines Tages war er von dieser Überzeugung so erfüllt, dass er einen folgenschweren Entschluss fasste.

Um die Eintönigkeit an Bord mit Rockmusik zu vertreiben, gründete er gemeinsam mit den Kollegen eine Band – ohne ein Instrument zu beherrschen. Also brachte er sich das Keyboardspielen bei und kommt seitdem regelmäßig in die Mannschaftsmesse zur Bandprobe. Dort hängen E-Gitarren an den Wänden und auf den Notenständern liegen noch die Akkordfolgen von »Everything I do I do it for you« von Brian Adams.

Sanchez erklärt, was die bordeigene Entertainment-Abteilung bezweckt: Die Mannschaften moderner Frachter gehen heutzutage kaum mehr an Land, um dort Abwechslung zu finden. An- und Abfahrtszeiten sind straff getaktet und selbst die größten Containerschiffe werden in nicht einmal mehr zwei Tagen komplett ent- und wieder beladen.

Was jeden technologischen Fortschritt dagegen überdauert hat, sind die Anforderungen an den Koch. Der ist mit seiner Arbeit maßgeblich verantwortlich für die Stimmung an Bord. »Everything I do I do it for you« könnte also auch das Motto von Sanchez' Arbeit als Koch sein. Anders als am Keyboard stellt er an den Kochtöpfen Tag für Tag die höchsten Ansprüche an sich selbst. Da soll nach Möglichkeit nichts danebengehen, und das tut es auch nicht. »Und außerdem werde ich auch in der Band mit jedem Tag ein bisschen besser.«

ANTONIO SANCHEZ

Republik der Philippinen
Geb. 1957 / Schiffskoch seit 1988 / an Bord der »Nedlloyd Juliana«

BŒUF
STROGANOFF

Für 4 Personen

Wahrscheinlich fehlen
diese Zutaten an Bord.
Aber zu einem klassischen
Bœuf Stroganoff kommen
noch Gurken und in
Scheiben geschnittene
Rote Beete. Die werden
zum Schluss zusammen
mit dem Schmand auf das
Fleisch gelegt.

Zutaten:

1 kg Rinderfilet

½ Dose Champignons

500 g Schmand

1 TL Salz

5 g Pfeffer

1 Zwiebel

Knoblauch

1 l Rinderbrühe

½ EL Petersilie

Zubereitung:

Ich bin wieder nicht einverstanden mit der Garzeit. Ich wage zu bezweifeln, dass es gutgeht, wenn man 1 Kilogramm Rinderfilet eine Stunde lang köcheln lässt. Meine Empfehlung: Das Fleisch von beiden Seiten kurz anbraten, aus der Pfanne nehmen. Wenn die Sauce fertig ist, das Fleisch noch einmal zwei Minuten mitköcheln lassen.

1. Rinderfilet in Streifen schneiden, mit Salz und Pfeffer marinieren

2. Dann mit Knoblauch und Zwiebeln anbraten und zusammen mit der Brühe eine Stunde lang auf schwacher Flamme köcheln lassen

3. Anschließend alle Zutaten beifügen und mit Petersilie garnieren

4. Mit allen Arten von Pasta servieren

HERMANN LOHSE

LEDERFLUGZEUGE

*Was kann es für einen Seemann Schlimmeres geben als eine miese Verpflegung? Zu wenig davon!
Als Neunzehnjähriger fuhr Hermann Lohse mit einem Koch zur See, der die Mannschaftsmesse
auf Zwangsdiät setzte. Das ließen sich die Matrosen nicht gefallen:
Sie erklärten der Kombüse den Krieg.*

Aufgeschrieben von Bastian Schlange

Unser Kapitän stürmte mit Wut und Wucht in die Mannschaftsmesse. »Was ist mit den Hähnchen passiert?«, brüllte er in ein halbes Dutzend schlafverquollener Gesichter. »Wer hat sie gestohlen? Los! Redet!« Es war nun still über den Frühstückstischen, sehr still. Kein Matrose verlor ein Wort über die gestrige Nacht. Ehrensache. Wir waren die Jungs aus der Mannschaftsmesse, eine Einheit. Wir befanden uns im Krieg mit dem Küchenchef!

Nachdem minutenlang keiner ein Wort gesagt hatte, hob der Kapitän zu einer Moralpredigt an. Es ging um Regeln und Kameradschaft. Die Kombüse der »Cressidia«, eines kleinen Stückgutfrachters von rund sechzig Meter Länge, war wie immer verschlossen gewesen, als unser Koch am Morgen seinen Dienst antrat. Doch dann hatte er feststellen müssen, dass die Brathähnchen, die er vorbereitet hatte (um sich einen freien Sonntag zu gönnen), nicht mehr auf dem Herd standen. Er war sofort zur Schiffsleitung gelaufen, um sich auszuheulen. Ich musste ein Grinsen unterdrücken. Sie konnten uns nichts beweisen. Es gab keine Spur. Wir hatten das perfekte Verbrechen begangen.

Der Kleinkrieg hatte bereits vor Auslaufen im Hamburger Hafen begonnen. Ich war gerade an Bord gekommen und wollte frühstücken, als sich ein echtes Ungetüm von Matrose an mir vorbei zur Kombüse schob. »Mach mir ein paar Spiegeleier«, raunte er im tiefsten Hamburger Platt. Donnerstags hieß es offiziell: Eier nach Wunsch. Der Koch schüttelte den Kopf. »Gibt nicht. Spiegeleier bekommt nur der Salon – der Kapitän, der Chief und der Erste Offizier!«

Die »Cressidia« besaß drei Messen: oben der Salon, ein Deck tiefer die Offiziersmesse, auf gleicher Höhe mit der Kombüse, und ganz unten die Mannschaftsmesse. Die Hierarchien steckten bereits im Bauplan, nur schien das diesen Brecher vom Kiez kaum zu interessieren. Er hatte sich nicht aus den dunkelsten Gassen St. Paulis zum Hafen gekämpft, um jetzt ein »Nein« zu hören. Als er es vom Koch jedoch ein weiteres Mal vernahm, packte er ihn bei den

Armen und setzte ihn wortlos auf die heiße Herdplatte. Mit der Seelenruhe eines Mannes, der nicht den ersten Hintern in seinem Leben verschmoren ließ, wartete er ab. Die Hose unseres Kochs begann zu stinken und sein Geheul schwoll an, während allmählich Qualm von der Platte aufstieg. Wie ein aufgescheuchtes Rumpelstilzchen sprang der Koch vom Herd und lief laut keifend in der Kombüse herum. Er alarmierte sogar die Wasserschutzpolizei. Konsequenzen blieben allerdings aus: Die Jungs rekrutierten damals noch viele Männer von See, die wussten, was ein mieser Koch an Bord bedeutete. Die Beamten kamen, lachten, nahmen ordnungsgemäß eine Anzeige auf und versenkten sie vermutlich sofort im Hafenbecken.

Das Leben als Matrose war hart. Während einer Vier-acht-Schicht arbeitete ich fünfzehn Stunden am Tag: morgens Wache von vier bis acht Uhr, eine halbe Stunde Frühstück, bis zwölf Uhr Überstunden, Mittagessen – abermals dreißig Minuten –, bis sechzehn Uhr Überstunden und ab da noch einmal vier Stunden regulärer Brückendienst. Ich schuftete und kämpfte ständig gegen Wind, Wetter und Müdigkeit an, um meine normale Heuer, die nach Steuern und Sozialbeiträgen von fünfhundert Mark im Monat auf klägliche zweihundert schrumpfte, etwas aufzustocken. Liegt man dabei noch im ständigen Clinch mit einem knurrenden Magen, suchen Frust und Wut nach einem Ventil. Einem Koch schmissen wir einmal unsere Teller mitsamt Essen in die Kombüse, weil er uns im Persischen Golf bei einer sengenden Hitze von vierzig Grad tatsächlich fettig stinkendes Eisbein serviert hatte. Während einer anderen Fahrt mischte ich einem Bäcker als Retourkutsche für seine schlechten Brötchen Gips unter das Mehl. Solche Aktionen waren wichtig, um etwas Wahnsinn in kontrollierte Bahnen zu lenken.

Die Zwangsdiät, auf die man uns auf der »Cressidia« setzte, kannte jedoch keinen Vergleich. »Fasten, studieren, keine Frauen sehn – klarer Verrat am Königtum der Jugend.« Ersetzte man »studieren« durch »schuften«, passte das Shakespeare-Zitat in trauriger Perfektion. Unser Reeder sah sich als großen Verehrer des englischen Dichters und hatte seine Frachter nach den Damen aus Shakespeare-Stücken getauft. Ein Dreivierteljahr arbeitete ich als Matrose für ihn. Wir transportierten Zellulose und Papier nach Großbritannien und von dort Industrieruß, so genanntes »carbon black« zur Herstellung von Kunststoff, nach Schweden. Da wir deutsche Häfen nicht ansteuerten und man die Kosten der Heimreise selbst tragen musste, wenn man im Ausland abmusterte, hielt uns das Schicksal in seinem Schleppnetz gefangen: ein Dreivierteljahr dieselbe Route, dieselbe Crew und immer dieselbe Kontorflagge vor Augen. »A. Kirsten« fuhr unter einem spitz zulaufenden Wimpel mit abwechselnd roten und weißen Streifen. Die Speckflagge, wie man unter Seeleuten spottete: fett und mager. Speck fand ich während der neun Monate kein einziges Mal auf dem Teller.

Jeden Sonnabend putzte unser Koch durch den Kühlraum und die Kombüse, entrümpelte die Regale und schmiss alles, was noch im weitesten Sinne dem Kriterium »essbar« entsprach, in einen Kessel. Sein Eintopf schmeckte gar nicht schlecht, nur gab es wie immer zu wenig davon. An Bord der »Cressidia«, auf der ich 1964 als Matrose angeheuert hatte, wurde strikt nach Proviantrolle ausgeteilt, in der per Gesetz die Mindestverpflegung an Bord vorgeschrieben wurde. Die Mengen an Fleisch, Butter, Brot und Kartoffeln reichten kaum aus, um einen erwachsenen Mann satt zu kriegen, trotzdem kürzte der Koch unsere Portionen, um den Offizieren einen Nachschlag servieren zu können. Er war ein schleimiger »Fahrradfahrer«, einer von der Sorte, die nach oben buckeln und nach unten treten. Wenn er uns, wie an Donnerstagen und Sonntagen in der Seefahrt üblich, Braten auftischte, waren die Stücke kaum größer als eine Zigarettenschachtel. Als Alternative landeten manchmal Brathähnchen auf den Tellern, mickrige Flattermänner, die bei uns nur den verächtlichen Namen »Lederflugzeuge« trugen. Anstatt halbe Hähnchen auszugeben, viertelte der Koch die Vögel noch – jedenfalls bei uns unten in der Mannschaftsmesse.

An diesem Samstag durchzog der würzige Duft von frisch gebratenen Hähnchen jedes Deck des kleinen Frachters und heizte zusammen mit dem Bier, das wir uns zum Feierabend genehmigten, die Stimmung an. Vor ein paar Tagen hatte uns der Koch beim Proviantklauen erwischt und uns beim Alten angeschwärzt. Eine unglückliche Konstellation: Wir waren sechs gefrustete Matrosen, die sich auf leeren Magen betranken. Einem kam eine Idee. Wenig später standen wir mit Schnüren und großen, aus Draht gebogenen Angelhaken im fahlen Licht des Mondes an Deck der »Cressidia«. Statt Abzugshauben sorgten damals sogenannte Skylights, die von der Kombüse zum Deck führten, für frische Luft beim Kochen. Wir hebelten die Klappen auf, ließen unsere Schnüre von oben direkt zum Herd hinab und angelten uns wie Max und Moritz – schnuppdiwupp – ein »Lederflugzeug« nach dem anderen. Shakespeare traf Wilhelm Busch. Mit Bier und Brathähnchen feierten wir unseren Sieg und entsorgten die meisten Überreste der Mahlzeit gleich über Bord. Das Donnerwetter war uns genauso egal wie das kümmerliche Sonntagsessen, das uns erwartete.

Wir waren satt, einmal satt.

KAPITÄN HERMAN LOHSE

Jahrgang 1945, achtete in den späteren Jahren als Erster Offizier und Kapitän immer besonders darauf, dass in der Kombüse und Messe Zufriedenheit herrschte. Er verstand sich aufs Essen: Das Kochen hatte er von seiner Mutter gelernt, die als eine der wenigen des Lohse-Clans nicht der Seefahrt, sondern dem Hotelgewerbe entsprang. Schon Urgroßvater Lohse war Elbe- und Hochseefischer, seine Familie dominierte lange Zeit die Fischerei in Cuxhaven. Nach dreiundzwanzig Jahren auf See arbeitete Hermann Lohse als Reederei-Inspektor und übernahm vor neun Jahren den Vorsitz des Museumsschiffs »Elbe 1«. Er ist dort Kapitän, Koch und der Mann für alles. Lohse hat eine Tochter und lebt mit seiner Frau in Cuxhaven.

SENSIBEL AUF SEE

MARDIE
G. SAMPOLEO

In den zehn Jahren, die er als Schiffskoch bereits unterwegs ist, hat Mardie Sampoleo vor allem eines gelernt: Nicht nur die Augen essen mit, sondern auch die Seele.

Ob der Besatzung gefällt, was jeden Tag auf den Tischen in der Messe steht, hänge nicht allein davon ab, wie das Essen schmeckt, erzählt Sampoleo. Sondern auch davon, wie es um die Stimmung bestellt ist. Jeder Koch kennt das: Bisweilen gerät die Stimmung in Schieflage, weil die Männer zu lange an Bord sind, wenig Landgang haben und wenig Abwechslung. Mit der Zeit werden sie immer gereizter, und ein beliebtes Ventil zum Druckabbau ist, sich übers Essen und den Koch zu beschweren.

Sampoleo hat daraus seine Konsequenzen gezogen. Er versucht nicht nur, durch viel Abwechslung im Speiseplan dafür zu sorgen, dass jeder regelmäßig in seinen Vorlieben bedient wird. Er hat auch einen besonderen Sinn für die Wünsche und Bedürfnisse der Crew entwickelt. Es ist zwar nicht möglich, aus jedem Geburtstag und jedem Jubiläum eine große Sache zu machen. »Aber mit kleinen Aufmerksamkeiten zur rechten Zeit kann man eine Menge erreichen.« Sempoleo hat begriffen: Einen guten Koch macht aus, dass er nicht nur gut mit Lebensmitteln umgehen kann, sondern auch mit Menschen.

MARDIE G. SAMPOLEO

Republik der Philippinen
Geb. unbekannt / Schiffskoch seit 2002 / an Bord der »Nedlloyd Marita«

SCHMORFLEISCH
IN ROTWEINSAUCE

Tipp

Zutaten:

Für 4 bis 6 Personen

1 kg Rind

3 mittelgroße Zwiebeln

3 mittelgroße Tomaten

5-6 Zehen Knoblauch

2 Lorbeerblätter

Salz und Pfeffer

1 Brühwürfel

1 Tasse Rotwein

Es sind sehr viel Sojasauce
und viel Zucker enthalten.

½ Tasse Sojasauce

1 Tasse brauner Zucker

¼ Tasse Essig

1 TL Maggi

1 Tasse Mehl

Zubereitung:

1. Das Rindfleisch in 2-3 Zentimeter breite Streifen schneiden Dann waschen und trocknen, in Mehl wenden und in Öl auf beiden Seiten braun anbraten

2. Anschließend das Fleisch aus der Pfanne nehmen und darin Zwiebeln und Knoblauch in Öl anbraten und die Tomaten beigeben

3. Die Rindfleischstreifen in die Pfanne geben, mit Sojasoße, Essig und Rotwein abschrecken, am Ende Zucker unterrühen und aufkochen lassen

4. Das Fleisch abermals aus der Pfanne nehmen und die Sauce mit Speisestärke andicken

5. Mit Kartoffeln oder Reis servieren

Das Gericht hat wohl dort seinen Ursprung, wo man es mit sehr viel Reis kombiniert und es am Tisch mit drei Saucen kombiniert. Als reines Fleischgericht ist es mir zu überladen.

50 g Reis im Trockenzustand pro Person

SIGNAL VERSTANDEN

ARNEL N. RODRIGUES

Bevor Arnel Rodrigues als Schiffskoch anheuerte, fuhr er jahrelang als Funkoffizier zur See. Doch mit der Zeit sei es immer schwerer geworden, in dieser Funktion einen Job zu finden, erzählt er. Und als er das Angebot erhielt, es in der Galley zu versuchen, sagte er sofort zu. In Zeiten, in denen die Schiffe zunehmend von Computern gesteuert werden, mögen die Dienste des Funkers nicht mehr gebraucht werden. Doch solange kein Rechner in der Lage ist, ein gutes Beef Calderata zuzubereiten, hat Rodrigues einen der wenigen wirklich krisensicheren Jobs an Bord.

Es gibt nicht mehr viele Schiffsköche, die als Quereinsteiger an den Herd gekommen sind. Schiffsköche haben heute in der Regel eine mehrjährige Lehrzeit hinter sich, während deren sie einem erfahrenen Mann über die Schulter gucken. In früheren Zeiten war das noch anders: Da war der Schiffskoch das, was beim Fußball der Torwart war: wer eben übrig blieb, wenn alle attraktiven Posten vergeben waren.

Insofern ist Rodrigues ein Exot unter den Schiffsköchen. Und es macht den Anschein, als habe er sein Glück gefunden. Nur eines vermisst er ab und an: seine schicke Uniform, die ihm so gut stand.

ARNEL N. RODRIGUES

Republik der Philippinen
Geb. 1964 / Schiffskoch seit 2006 / an Bord der »NYK Venus«

SCHWEINESTEAK/ RINDERSTEAK
NACH FILIPINO-ART

 Tipp

Für 4 bis 6 Personen

Ein einfaches, kurz gehaltenes Gericht. Ich empfehle aber, die Sojasauce wegzulassen. Mir ist sie zu penetrant. Frischer Ingwer, Knoblauch und Zitrone reichen völlig.

Zutaten:

¾ kg zarte Schweine- oder Rindersteaks

1 EL Kalamansi- oder Zitronensaft

5 EL Sojasauce

3 Zehen Knoblauch

1 kleines Stück Ingwer, zerkleinert

½ TL gemahlener schwarzer Pfeffer

½ Tasse Zwiebeln, in Ringe geschnitten

4 EL Öl

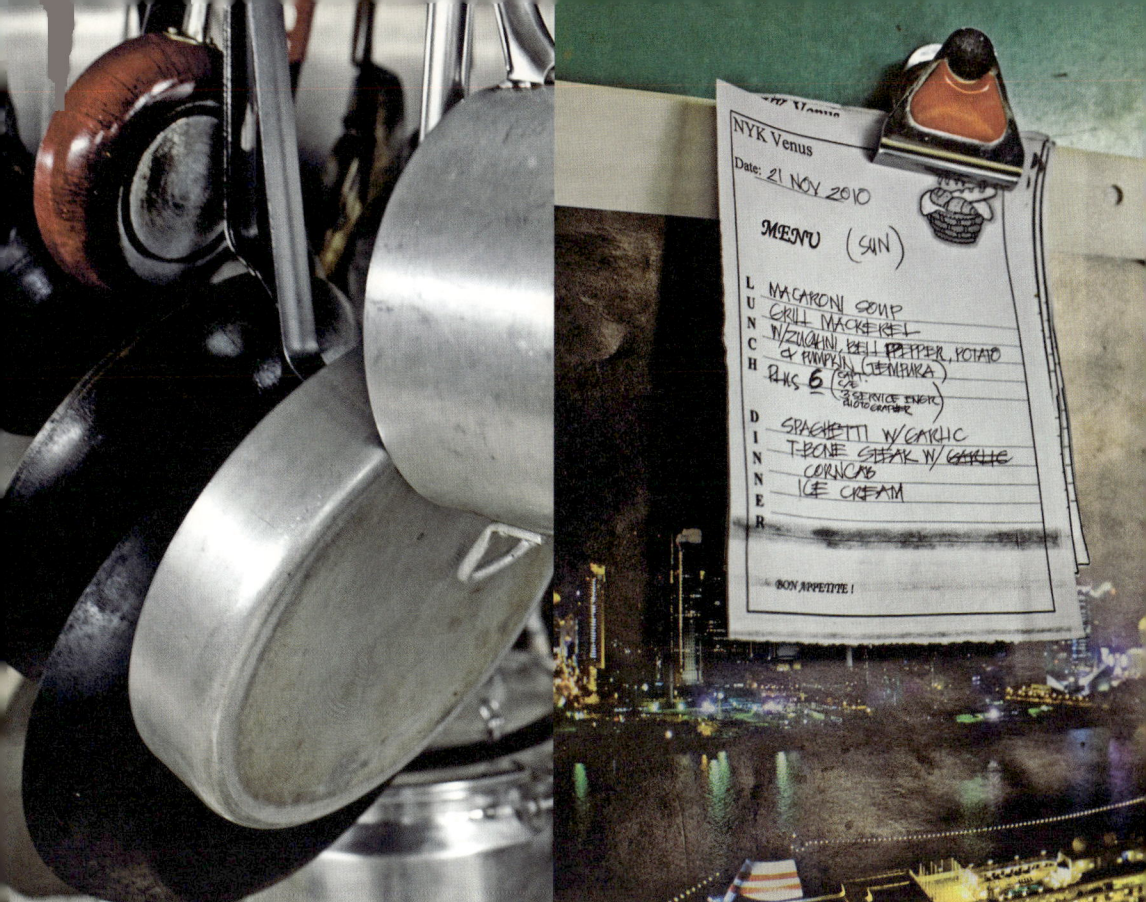

Zubereitung:

1. Das Fleisch 30 Minuten in Kalamansi- oder Zitronensaft,
Knoblauch, Ingwer, Sojasauce und Pfeffer marinieren
2. Öl in eine Pfanne geben und das marinierte Fleisch langsam
anbraten, bis es durch ist
3. Die Temperatur für ein oder zwei Minuten erhöhen, um die Steaks
zu bräunen
4. Zwiebeln hinzufügen und eine Minute lang mitbraten
5. Das Fleisch mit dem Bratensud und gekochtem Reis servieren

50 g Reis
im Trockenzustand
pro Person

JÜRGEN SCHWANDT

DER POKERNDE SCHIFFSKOCH

Als Schiffsjunge bekam Jürgen Schwandt gerade so viel zu essen, dass es zum Arbeiten reichte.
Als Kapitän aß er mitunter so gut wie in einem Viersternehotel Bis der Koch eines Tages
die Finger nicht bei sich behalten konnte.

Das Beste, was ich jemals an Bord eines Schiffes gegessen habe, war ein sehr spezielles Curry.
Nur gab es das relativ selten. Denn unser Koch bereitete es nur zu, wenn er beim Pokerspielen
gewonnen hatte. Und das passierte leider nicht oft.

Ich lernte ihn kennen, als ich als Zweiter Offizier auf der Ostküstenlinie in Amerika eingesetzt war. Wegen seiner Spielsucht hieß er bei uns nur Poker-Ede. Wann immer wir in den
USA oder in Kanada im Hafen lagen, erkundigte er sich bei den Truckern und Hafenarbeitern
nach den illegalen Spielhöllen. Die achteten sehr genau darauf, an wen sie solche Informationen
weitergaben. Schließlich bestand immer die Gefahr, dass sich ein Agent des FBI unter die Männer schlich, um eine Spielhölle auszuheben. Doch da unser Koch direkt vom Schiff war, war er
sauber. Es gab deshalb immer jemanden, der ihm verriet, in welchem Hinterzimmer sich die
nächste Pokerrunde traf. So verließ er abends nach dem Saubermachen der Kombüse das Schiff
und kam meistens erst morgens verknittert, übel riechend und pleite zurück. Seine Fähigkeiten
als Pokerspieler standen im umgekehrten Verhältnis zu seiner Besessenheit.

Umso glücklicher war er deshalb, wenn er mal mit mehr Geld zurückkehrte, als er mit von
Bord genommen hatte. Dann stellte er in einem sehr aufwendigen Verfahren ein Curry her: mit
Schweinefleisch, Zwiebeln, Ananas, Mango-Chutney und Currypulver. Dazu kamen Schälchen
mit klein gehackten Eiern, Gurken, Salami und Käse auf den Tisch. So konnte sich jeder das
fertige Gericht auf seinem Teller zusammenstellen, wie es ihm passte. Das Rezept war in der
Seefahrt weit verbreitet. Jeder Schiffskoch beherrschte das.

Während meiner Zeit als Berufsseemann habe ich aber auch sonst gut und gern gegessen.
Ich habe ein sehr unproblematisches Verhältnis zum Essen. Ich esse alles, mir schmeckt alles.
Das liegt sicher auch an meinen eigenen Anfängen bei der Seefahrt. Ich begann 1952 als
Schiffsjunge. Ich war sechzehn und wollte weg aus Hamburg. Ich begann auf einem achtzig

Jahre alten kommerziellen Segelschiff. Wir fuhren Koks von den Gaswerken in Hamburg nach Schweden, Grubenholz von Finnland nach England und Getreide von Lübeck nach Polen. Doch das Leben auf dem Schiff entpuppte sich als härter, als ich es mir vorgestellt hatte. Der Kapitän des Schiffs war gleichzeitig der Eigner. Das bedeutete: Jeder Kanten Brot, jedes Stück Käse und jede Scheibe Wurst gingen von seinem Profit ab. Entsprechend wurden wir verpflegt. Jeden Sonnabend händigte er uns unsere Ration aus: ein halbes Pfund Margarine, ein halbes Pfund Wurst, ein halbes Pfund Käse, ein halbes Pfund Marmelade oder Honig. Exakt die im Gesetz festgeschriebene Mindestmenge. Von der mussten wir eine Woche lang leben.

Das war aber noch nicht alles. Als Schiffsjunge war ich auch für die warmen Mahlzeiten zuständig. Für vier Mann Besatzung führte der Kapitän doch keinen eigenen Koch mit. Das hatte mir vorher niemand gesagt. Aber wenn das Schiff ablegt, nützt das ja nichts mehr. Du kannst nicht nach Mama weinen und wieder nach Hause gehen. Da musst du durch.

Der Kohlenofen stand in einem kleinen Verschlag. Von der Kombüse ging das Schott zur Maschine ab, die ich alle vier Stunden abschmieren musste. Dazu kamen die heißen Dieseldüfte. Bei Seegang kotzte ich mir die Seele aus dem Leib. Und trotzdem musste ich jeden Tag die Besatzung versorgen. Der Kapitän bestimmte, was ich kochen sollte. Er drückte mir Lebensmittel in die Hand und sagte: »Nun mach mal was.« Ich kochte Erbsensuppe, Kartoffelsuppe, Linsensuppe, saure Suppe. Es musste vor allem eines sein: billig. Zu der Zeit kursierte auf Schiffen wie unserem der Spruch: »Das Essen war warm und reichlich, die Heizer tranken es gerne.« Nur einmal in der Woche sollte ich Schweinebraten mit Rotkohl zubereiten. Das war an Sonntagen das Standardessen.

Ich hatte vorher noch nie am Herd gestanden, aber nach nur zwei Monaten hatte ich die Kombüse im Griff. Denn wenn es den Matrosen nicht schmeckte, wurde ich verprügelt. Da lernt man das Kochen schnell.

Daran hat sich bis heute nichts geändert. Wer nicht bereit ist, sich mit der Mannschaft zu arrangieren, wird sehr schnell diszipliniert. Später als Kapitän schaute ich deshalb schon mal weg, wenn der Suppentopf quer durch die Kombüse flog und der Schiffskoch erst einmal drei Stunden lang den Boden wischen musste. In solche Auseinandersetzungen darf man sich nicht einmischen. Die müssen die Männer unter sich austragen.

Nur bei einem Koch musste ich eingreifen und ihn von Bord schicken. Wenn auch schweren Herzens: Er war der beste Koch, den ich je auf einem Schiff erlebt habe. In seiner ungarischen Heimat hatte er in mehreren Viersternehotels gearbeitet. Während des Ungarn-Aufstands 1956 ergriff er die Chance zur Flucht. Er war des Lebens hinter Mauern genauso überdrüssig wie der generellen Verfolgung der Homosexuellen durch das kommunistische Regime und heuerte bei uns als Schiffskoch an. Das Problem war allerdings, dass er sich mit dem Steward eine Kabine teilen musste. Erst nachdem der ihm eines Nachts ein blaues Auge verpasst hatte, ließ er von seinen Annäherungsversuchen ab. Bis zu einem Mittag, an dem der Steward beide Hände voll hatte mit Tellern, die er in der Offiziersmesse servieren wollte.

Beim Hinausgehen klopfte ihm der Koch auf den Hintern und sagte: »Lauf doch, mein Süßer.« Das war der Tropfen, der das Fass zum Überlaufen brachte. Der Steward ließ die Teller fallen und fiel über den Ungarn her. In seiner Not griff der nach einem der Töpfe, die an einer Metallleiste über dem Herd hingen, und zog ihn dem Steward über den Kopf. Das verschaffte ihm zwar eine kurze Verschnaufpause, doch er wusste: Wenn der Steward die Orientierung wiedergefunden hat, schlägt er mich tot. Also rannte er nach Mittschiff auf die Brücke, warf sich vor mir auf den Boden und schrie: »Der will mich ermorden!« Wir mussten ihn beschützen. Im nächsten Hafen schickte ich ihn nach Hause. Nach zwei gemeinsamen Reisen, auf denen wir so gut gegessen hatten wie nie zuvor. Wenigstens ließ er ein Rezept zurück, das ich bis heute gerne koche, wenn Gäste zu Besuch kommen: das Hortobágy-Puszta-Gulasch.

Es ist genau mit diesem Titel Bestandteil eines kleinen Kochbuchs namens »Hein Seemanns Kombüse«, das ich vor einigen Jahren selbst veröffentlichte. Viele Gerichte, die ich im Laufe meiner Seemannskarriere kennenlernte, entwickelte ich selbst weiter. Ständig sagten die Freunde, die ich bekochte, nach dem Essen: »Schreib die doch mal auf.« Nur die Rezepte zu notieren, fand ich aber langweilig. Also überlegte ich mir zu jedem Rezept eine Geschichte, manchmal wahr und manchmal nicht. Im Abspann des Buches stehen die Zutaten, die ich für das Schreiben verwendete: »5 Pfund Erinnerung, 2 Pfund Fantasie, 1 ½ Pfund Autobiografisches, 3 kg Mühe und Arbeit, 4 Pfund Spaß und als Würze dem Leser viel Freude beim Lesen und Kochen.« Aber ich kann versichern: Die Geschichte vom schwulen Ungarn, die stimmt.

Diese Zeiten liegen lange zurück. 1973 entschied ich mich der Familie zuliebe, meine Kapitänskarriere auf hoher See zu beenden. Ich wechselte auf einen Zollkreuzer und musste von da an nur noch bis zur Hoheitsgrenze der Nordsee fahren. Man könnte auch sagen: durfte. Denn die Freiheit auf hoher See, den Duft des Meeres und die Unabhängigkeit vom Leben an Land vermisste ich sehr. Das ist bis heute so. Ich bin deshalb regelmäßig als Passagier zu Gast auf Handelsschiffen. Was ich auf diesen Reisen wahrnehme, ist, dass sich die Qualität des Essens gegenüber meiner aktiven Zeit zum Teil drastisch verschlechtert hat. Das liegt an der Ausbildung der Köche genauso wie an der Qualität der Lebensmittel. Man merkt das sehr deutlich am Fleisch: Statt magerem Rinderfilet gibt es Nackenkarbonaden, das Wurzelgemüse ist zerkocht und schwimmt in Öl. Und jeden Mittag gibt es Gurkensalat. Da sehnt man sich nach sechs Wochen schon fast nach einem vertrockneten Stück Brot.

JÜRGEN SCHWANDT

Jahrgang 1936, hat bis zu seiner Pensionierung beinahe jede Funktion ausgeübt, die es auf einem Handelsschiff zu besetzen gibt. Bis auf die des Smuts. Seine Kochleidenschaft lebt er dafür in der eigenen Küche aus.

MEHR ALS FLEISCH!

FELIXBERTO M. ECALLA

Im Laufe der Jahrhunderte hat die Schifffahrt einiges von ihrem romantischen Zauber verloren. Moderne Containerschiffe sind Hochleistungsmaschinen, die dem einen Zweck dienen, möglichst viel Ware in möglichst kurzer Zeit von einem Hafen zum nächsten zu befördern.

In gleicher Weise haben sich die Motive von Männern wie Felixberto Ecalla verändert: Es sind weniger Fernweh und Abenteuerlust, die ihn an Bord anheuern ließen, sondern die Aussicht, mit dem stattlichen Verdienst seiner Familie daheim ein Leben in relativem Wohlstand zu ermöglichen.

Das heißt aber nicht, dass er seinen Kombüsenjob mit der Eintönigkeit eines Fließbandarbeiters versehen würde. Er achtet sehr darauf, die Menüs zu variieren, damit sich die Männer ausgewogen ernähren. Neben den unverzichtbaren Fleischgerichten setzt er viel Fisch, Geflügel, Obst und Gemüse auf den Speiseplan. »Ich kann niemanden dazu zwingen, sich gesund zu ernähren«, sagt er. Aber niemand soll hinterher behaupten können, dass er dazu keine Möglichkeit hatte.

Wenn der letzte Topf verräumt ist und die Vorbereitungen für den kommenden Tag getroffen sind, geht Ecalla gern an die frische Luft und sieht dem Schiff dabei zu, wie es sich durch den Atlantik frisst. In solchen Momenten spürt er, dass die Seefahrt sich zwar verändert haben mag – was jedoch über die Jahrhunderte gleich bleibt, ist die See. Wenn ein Sturm tobt und die Wellen hochschlagen, wird die Reise bei aller fabrikmäßigen Routine immer noch oft genug zu einem Abenteuer.

FELIXBERTO M. ECALLA

Republik der Philippinen
Geb. 1963 / Schiffskoch seit 2004 / an Bord der »NYK Olympus«

HÜHNCHENBRUST

ZADAR

Tipp

Für 4 Personen

Das Hühnchen
schmeckt sehr würzig.
Kombiniert mit der Sauce
gefällt es mir sehr gut.

Zutaten:

4 große Hühnchenbrustfilets

½ Tasse trockenen Weißwein

3 EL Öl

20 g Butter

½ Tasse flüssige Sahne

Für die Füllung:

100 g Kalbshackfleisch

50 g Bacon, fein geschnitten

1 kleine Zwiebel, gehackt

1 TL Petersilie, gehackt

1 TL Knoblauch, gehackt

½ Tasse gehackte Champignons

1 EL Paniermehl

1 Ei

Prise Salz

Prise Pfeffer

Zubereitung:

Die Füllung ist mit dem Speck so kräftig, dass sie zur Ergänzung etwas Neutrales braucht. Deshalb passt die Sauce sehr gut dazu.

1. Für die Füllung Zwiebel, Knoblauch, Kalbshackfleisch, Bacon und Champignons für 5 Minuten anbraten

2. In eine Schüssel füllen und Petersilie, Ei und Paniermehl zufügen. Mit Salz und Pfeffer würzen und gut vermischen

3. Mit einem langen, scharfen Messer Taschen in die Filets schneiden, die Füllung mit den Fingern so tief wie möglich einführen und die Filets mit einem Zahnstocher verschließen

4. Öl und Butter in einer Pfanne erhitzen und die Hühnchenbrustfilets von beiden Seiten goldbraun anbraten. In eine Auflaufform legen und im Ofen bei 180 °C für 25 Minuten weitergaren

Das ist eine helle Weißweinsauce. Ich empfehle, zusätzlich eine kleine gewürfelte Zwiebel und eine fein gehackte Knoblauchzehe anzuschwitzen, mit dem Weißwein ablöschen und zur Sahne 0,2 Liter Geflügelbrühe hinzu geben.

5. Noch etwas Butter in die Pfanne geben, mit Weißwein ablöschen und leicht köcheln lassen. Die Sahne hinzufügen

6. Die Filets in Scheiben schneiden und mit der Sauce servieren

STAR IN DER KOMBÜSE

TUDOR CANDIOU

Als sich an Bord der »Bernhard Schepers« herumgesprochen hat, dass Tudor Candiou fotografiert wird, kommt alle paar Minuten jemand in einem orangeroten Overall in die Galley, um dem kleinen, zierlichen Mann eine große Zukunft als Medienstar zu prophezeien. Candiou ist das etwas peinlich, einerseits. Andererseits ist das der Beweis dafür, wie beliebt er an Bord ist. Käme niemand vorbei, hätte er ein ganz anderes Problem.

Seit fünf Jahren arbeitet er als Schiffskoch. In dieser Zeit hat er gelernt, zu jedem einen Draht zu finden, auch zu den Quälgeistern, die immer etwas zu meckern haben. Das kommt aber nicht oft vor. Candiou weiß, worauf es bei seiner Arbeit ankommt. »Die Gerichte sollen nahrhaft, reichlich und schmackhaft sein«, sagt er. Deshalb erwarten die Männer Fleisch, ganz egal, aus welcher Ecke der Welt sie kommen und welcher Religion sie angehören.

Ein guter Koch wisse, was bei wem tabu ist, erklärt er. »Egal ob Moslem, Christ oder Hindu – bei mir wird jeder satt.« In Tudors Küche hätte nur eine Weltanschauung Probleme, den Magen vollzubekommen: die der Vegetarier.

TUDOR CANDIOU

Republik der Philippinen
Geb. 1978 / Schiffskoch seit 2007 / an Bord der »Bernhard Schepers«

HUHN
IN SCHWARZER SAUCE

Tipp

Zutaten:

Für 4 Personen

Auch hier kommt einem schnell der typische Geruch einer asiatischen Wok-Station in die Nase. Das liegt in diesem Fall an der Bohnensauce. Für meinen Geschmack könnte das Hühnchen ein bisschen besser gewürzt sein. Ich empfehle eine kleine Prise Cayennepfeffer, eine Prise Salz und schwarzen Pfeffer aus der Mühle.

4	Hühnerbrustfilet
25 g	Ingwer, gehackt
1 mittelgroße	Zwiebel, gehackt
80 ml	Kochwein
10 ml	Sojasauce
	Maisstärke
	Öl zum Kochen
1 mittelgroße	Zwiebel
1 Stange	Lauch
1	rote Paprika
1 Flasche	Oystersauce
1 Flasche	Schwarze-Bohnen-Knoblauch-Sauce

Zubereitung:

1. Hühnerfilet in Stücke schneiden
2. Mindestens 30 Minuten in Ingwer, Zwiebeln, Wein und Sojasauce einlegen
3. Mit Maismehl bestäuben und drei Minuten lang frittieren
4. Mit Papiertüchern abtrocknen und von beiden Seiten salzen
5. In einer anderen Pfanne Zwiebeln, Paprika und Lauch anbraten und Sesamöl, Oystersauce und Schwarze-Bohnen-Knoblauch-Sauce hinzufügen
6. Dann das Huhn hinzufügen und gut umrühren

Ich empfehle, eine kleine geschnittene Pepperoni in die Sauce zu geben, um der Süße der Bohnensauce einen kleinen Kick zu geben.

GÜNTHER ENNULAT

DER KOCH MIT DER KAMERA

Schiffskoch, Abenteurer und Weltenbummler – kaum eine Kombüse konnte Günther Ennulat auf Dauer halten. Er kochte im Vietnamkrieg, auf Bergungsschiffen und in der Antarktis. Er widmete einer schönen Frau ein Schnitzel und stellte fest, dass Eier unter gewissen Umständen eineinhalb Jahre essbar bleiben.

Aufgeschrieben von Bastian Schlange

Der Tag begann wie die meisten Tage, die ich im Vietnamkrieg erlebte. Mit der aufgehenden Sonne leuchtete die Bucht von Da Nang in einem rotgoldenen Licht, und die Feuergefechte und Detonationen, die lärmenden Rotoren der Hubschrauber, die uns jede Nacht den Schlaf nahmen, verstummten. Dafür hörte ich nun die Krankentransporte mit den verletzten Frauen und Kindern anrollen. 1966 hatte das Deutsche Rote Kreuz das Seebäderschiff »Helgoland« von der Reederei HADAG gechartert und im Auftrag der Bundesregierung zu einem Hospitalschiff umbauen lassen. Am 11. November 1970 war ich als leitender Koch der deutschen Kombüse an Bord gekommen, jetzt stand ich, ein knappes Jahr später, im blauen Kittel vor einem OP-Tisch und beobachtete durch die Linse meiner Super-8-Kamera, wie ein Ärzteteam die Bauchdecke einer jungen Vietnamesin öffnete. Sie war schwanger und am Morgen mit einer Schusswunde im Unterleib eingeliefert worden.

Die »Helgoland« besaß drei Operationssäle, vier Fachabteilungen und hundertfünfzig Betten, die chronisch überbelegt waren, sodass wir mindestens hundertachtzig Patienten versorgten. Ich kümmerte mich zusammen mit zwei Kochsmaaten und vier Hilfskräften aus Da Nang um die Verpflegung für einhundert Männer und Frauen. Direkt neben der deutschen Kombüse befand sich die Krankenstation. Jeden Tag sah ich, wie Zivilisten auf Tragen an Bord kamen. Ich war dabei, wenn Ärzte in wenigen Sekunden entscheiden mussten, welchem Notfall sie die Priorität gaben. Ich konnte das Weinen verzweifelter Mütter hören und die Schreie verletzter Kinder.

Um die junge Vietnamesin auf dem Operationstisch drängten sich zwei Chirurgen, der Anästhesist und eine OP-Schwester. Ich stand einen Meter hinter ihnen und filmte den Kaiserschnitt so automatisch, wie der Film in der Kamera abspulte. Ich sah die ersten Bewegungen dieses winzigen Lebens, noch bevor es ganz den Leib seiner Mutter verlassen hatte.

Ich liebte es schon immer zu fotografieren. Mit der Filmarbeit hatte ich allerdings erst in Vietnam begonnen – anfangs noch mit einer geliehenen Super-8-Kamera. Wenig später kaufte ich einem Amerikaner eine ab. Natürlich dauerte es eine Zeit, bis mir die Ärzte und die Mannschaft an Bord vertrauten und ich Zugang zum OP bekam.

Die Frau und ihr Baby, ein kleiner Junge, überlebten. Ein anderer Junge, gerade zehn Jahre alt, den Bombensplitter beim Spielen getroffen hatten, starb wenig später im selben Operationssaal. Ich legte meine sterile Kleidung und die Kamera ab und kehrte zurück in die Kombüse. Es war Zeit für das Mittagessen. Das Leben auf der »Helgoland« ging weiter.

Wenn ich heute, vierzig Jahre später, meine Filme aus Vietnam anschaue, frage ich mich manchmal, wie ich in diesem Schrecken arbeiten und auch noch drehen konnte. Zweifel oder Depressionen überkamen mich damals nie. Vielleicht weil die Ärzte und Krankenschwestern die größere Last zu tragen hatten, weil sie dem Leid und Tod näher waren als ich in meiner Kombüse. Mein Job war es, dafür zu sorgen, dass sie ihren Job erledigen konnten. Das ist die Aufgabe des Kochs – egal ob auf einer Frachterfahrt oder im Krieg. Man wird für die Mannschaft an Bord so etwas wie die Mutter ohne Brust.

Zum guten Essen gehört auch Kreativität. Eintönigkeit und Langeweile verderben selbst das beste Steak. Auf der »Helgoland« widmete ich zum Beispiel einer bezaubernden Schwester das Schnitzel »Carola«, das in der Messe mit der Zeit fast so begehrt wurde wie sie. Für den herzhaften Start in den Tag stand das »Cowboy-Frühstück« auf der Karte, und die Spaghetti mit Rührei servierte ich unter dem Titel »Mailänder Omelett – deutsch-italienische Freundschaft«.

Alle drei Monate trafen wir uns mit einem Versorgungsschiff, um unsere Lagerräume aufzufüllen. Frische Lebensmittel bekamen wir ab und an von den Amerikanern. Engpässe gab es nie. Behielten wir vom Essen etwas übrig, was trotz eines Proviantsatzes von 4,78 Mark pro Person und Monat erstaunlich oft passierte, verteilten wir es abends an die Menschen aus Da Nang. Ob es gefährlich war, mitten in einer Kriegsregion vor Anker zu liegen? Natürlich. Aber unsere Arbeit war humanitär! Die Zivilbevölkerung respektierte das Schiff mit den großen roten Kreuzen im Hafen genauso wie der Vietcong. Vor Bombenangriffen gingen Warnungen ein. Nur ein einziges Mal in fünf Jahren durchschlug ein Bombensplitter die Außenhaut des fast 92 Meter langen Schiffes. Verletzt wurde zum Glück niemand. Als die drei Seebäderschiffe, die »Helgoland«, die »Alte Liebe« und die »Wappen von Hamburg«, noch auf der Helgolandroute fuhren, nannte man sie die »weißen Schwäne«. Im Krieg gaben uns die Vietnamesen den Namen »das weiße Schiff der Hoffnung«. Nach eineinhalb Jahren Dienst kehrte ich mit der »Helgoland« am Ende ihrer Mission im März 1972 nach Hamburg zurück.

Wie sich der Kalte Krieg zwischen den Amerikanern und Russen im Kampf um ein versunkenes Spionageflugzeug im Wert von fünfzig Millionen Dollar zuspitzte, erlebte ich vier Jahre später. Ich hatte als Koch auf dem Spezialschiff »Taurus« der Hamburger Bergungsfirma Ulrich Harms angeheuert, als am 29. Oktober 1976 ein – sagen wir »prekärer« – Auftrag von den

Amerikanern einging. Seit sechs Wochen hatten sie versucht, das Kampfflugzeug F-14 Tomcat, das bei einem Manöver vor der Küste Schottlands unter mysteriösen Umständen von Bord des Flugzeugträgers »John F. Kennedy« gefallen war, aus einer Tiefe von 442 Metern zu bergen. Vergebens. Die Tomcat gehörte damals zu den absoluten Top-Secret-Projekten der USA. Die Sowjets waren durch die Landung einer MIG-25 in Japan ihres größten Geheimnisses zur Luft beraubt und zu allem bereit. Mehrere sowjetische Kriegsschiffe kreuzten bereits in den Gewässern, als die »Taurus« am Bergungsort nahe den Orkney-Inseln eintraf. Mit Hilfe eines zweiten Schiffes gelang es uns, die Tomcat in flacheres Wasser zu schleppen, zu bergen und so ein politisches Pulverfass zu entschärfen. »Für sie war das eine ganz normale Sache«, titelte am 15. November 1976 das »Hamburger Abendblatt«. Neben den Zeitungsberichten blieben mir etliche Stunden Filmmaterial, die ich aus der Taucherglocke auf den Bergungsgängen drehte. »Film-Koch« nannte man mich schon scherzhaft und witzelte, die Kamera und der Politikus, die große Schöpfkelle, die Schiffsköche in rauen Zeiten auch mal zur Rechtsprechung in der Kombüse verwendet hatten, seien mein Werkzeug.

Ich habe den Kochberuf immer sehr strategisch gesehen, da er mich nicht auf einen Schiffstyp oder eine Branche festlegte. Durch ihn konnte ich Abenteuer erleben und meine drei Leidenschaften, die See, das Kochen und die Filmerei, verbinden. Als Matrose ist es schließlich nicht möglich zu sagen: Ich ziehe jetzt nicht am Tampen, ich greife lieber zur Kamera. Trotzdem war es kein leichter Beruf. Bei schlechtem Wetter und Stillstand auf dem Schiff stand ich in der Kombüse – von morgens fünf bis abends sieben. Immer. Wenn der Koch verschläft, möchte niemand in der Messe zwischen einer Meute hungriger Seeleute sitzen.

Mein Horizont endete nicht an der Herdstange, das war mir wichtig. Auch deshalb reiste ich am 15. Dezember 1981 zur Georg-von-Neumayer-Station in die Antarktis. Eine neue Herausforderung: eineinhalb Jahre in einer Region, die von den schlimmsten Stürmen der Welt heimgesucht wird, kein Urlaub, keine Proviantlieferungen, nur Eis und Temperaturen von bis zu vierzig Grad minus. Die deutsche Forschungsstation war auf dem Ekström-Schelfeis in der Nähe der Atka-Bucht errichtet worden. Ich gehörte neben einem Arzt, einem Funker, einem Ingenieur und drei Wissenschaftlern zum siebenköpfigen Überwinterungsteam. Im Südsommer, wenn sich in der Antarktis die Temperaturen angenehm um den Gefrierpunkt einpendelten, kamen noch dreißig weitere Wissenschaftler und Bauleute hinzu. Wir waren das erste Team auf dem Schelfeis, wir waren Pioniere. Und Versuchskaninchen.

In zwei fünfzig Meter langen Stahlröhren lebten wir unter dem Eis, das sich mit jedem Sturm höher über uns auftürmte, und gelangten nur durch schmale Schächte, teils zehn Meter lang, an die Oberfläche. Die Kombüse, die Messe, die Labore und die Schlafräume befanden sich in normalen Frachtcontainern, knapp sechs Meter lang und etwas über zwei Meter hoch, die man in die Röhren einbaute und über einen Verbindungsgang erreichen konnte. Um die Verpflegung auf der Station zu planen, hatte ich zwei Monate Zeit; mir standen ein Tiefkühlcontainer sowie einer mit Kühlschranktemperatur zur Verfügung, für Gemüse, Konserven und Backutensilien. Ich musste die Station als Schiff ohne Propeller sehen. Etwas anderes waren wir im Grunde auch nicht. Bohrte man sich zweihundert Meter tief ins Eis, stieß man aufs Meer. Ich rechnete durch: Was brauche ich für eine Woche? Was für einen Monat, für ein Jahr? Mit der Zeit bekommt man als Koch ein Gefühl dafür, wie viel ein Mann isst. Trotzdem wachte ich auch noch während der Mission nachts auf, weil mich Albträume plagten, der Proviant würde ausgehen. Taute ich ein Stück Rindfleisch auf, gab es in dieser Woche Braten, Rouladen und Gulasch. Jeden Morgen buk ich frische Brötchen und zweimal die Woche Kuchen. Meine Rechnung ging auf. Sogar die Eier reichten. Auf einem Bergungsschiff musste ich einmal sechs Monate ohne auskommen. Das ist die Hölle für jeden Koch. Das Faszinierendste aber: Die Eier hielten in der Antarktis eineinhalb Jahre! Der Dotter und das Eiweiß verschrumpelten zwar, dennoch blieben sie essbar, weil sie nicht mit Bakterien in Berührung kamen.

Wenn man ein Maulwurfsdasein am Südpol fristet, der ein halbes Jahr in Dunkelheit getaucht ist, bleiben die Essenszeiten die einzige Konstante im Tag und bekommen noch größere Bedeutung als an Bord eines Schiffes. Besonders am Abend saßen wir immer zusammen, tranken Wein, während wir uns gegenseitig Briefe vorlasen, Schach spielten oder einander Sprachunterricht gaben. Der Lagerkoller drohte nie. Es hat uns an nichts gefehlt.

Außer an der Zärtlichkeit einer Frau.

GÜNTHER ENNULAT

Jahrgang 1945, bereiste als Schiffskoch alle Kontinente und – das Schwarze Meer ausgenommen – auch jedes Weltmeer. Während seiner Fahrten auf Seebäderschiffen, Frachtern, Forschungsschiffen und Schleppern drehte er hunderte Stunden Filmmaterial. Heute beherbergt er in seinem Keller ein einmaliges Archiv, für das ihm der NDR offen seinen Neid ausgesprochen hat. Ennulat wird noch immer als Koch zu Probefahrten neuer Forschungsschiffe gebucht. Der Vater von zwei Kindern lebt mit seiner Frau Doris in Cuxhaven.

JOKER

KAPITEL 3

184

DIE KUNST DER IMPRO- VISATION IM GROSSEN MASCHINEN- RAUM

VON THOMAS DUFFÉ,
AUFGESCHRIEBEN VON
STEFAN KRÜCKEN

Abschiede sind für Seeleute schwer, und jeder muss alleine mit dem Gedanken fertigwerden, die Familie monatelang nicht wiederzusehen. Heute, so denken viele Laien, ist die Kommunikation einfach: Internet, E-Mail, Skype. Stimmt auch, aber nicht so ganz. Man kann nur dann E-Mails verschicken und skypen, wenn es eine Internet-Verbindung gibt. Auf hoher See aber stehen keine Sendemasten, und die Verbindung über Satellit ist zwar technisch möglich, aber teuer. Mitten auf dem Ozean gibt es Gemeinsamkeiten zwischen der modernen Seefahrt, die von Computern, von Joysticks und präzisen Fahrplänen bestimmt wird, und den Zeiten der alten Wikinger. Es ist einsam an Bord. Heimweh und Schwermut gibt es an Bord jedes Frachters. Da kommt dann wieder die Qualität des Essens ins Spiel. Der Geschmack von Heimat. Ein vertrautes Aroma. Geborgenheit.

Was sich auch nicht geändert hat, ist die Aufgabe für den Schiffskoch, improvisieren zu können. Reisen werden genauestens geplant und natürlich wird auch die Proviantliste genau geführt, aber es kann trotzdem passieren, dass etwas knapp wird. Der Schiffskoch muss einen Plan haben, was er mitnimmt. Er muss schnell einen Ersatzplan hervorzaubern, wenn das Mitgenommene nicht ausreicht oder der Ursprungsplan nicht funktioniert. Er muss einen Joker ziehen können, wenn es darauf ankommt. Für die Seeleute ist es so: Sie freuen sich aufs Essen, aber sie dürfen sich die Mahlzeit ja nicht aussuchen. Das macht keinen wirklich froh. Man kennt das doch von irgendeiner Party oder Hochzeit oder einer anderen Veranstaltung, wo das Essen schlecht war. Davon erzählt man noch Wochen später. Auf einem Schiff ist das noch extremer. Im Prinzip geht es für den Koch, etwas überspitzt, an jedem Tag um seinen Kopf. Ein guter Koch ist gut, ein schlechter Koch hat es schwer, das Image wieder loszuwerden. Ein Koch mit dem »Prädikat gut«, der sich zweimal verkocht, ist auf einen Schlag ein schlechter Koch. Matrosen sind in ihrem Urteil strenger als die meisten Restauranttester. Tisch mir Mist auf, und es gibt Ärger. Feine Zwischentöne? An Bord herrscht eher der Sound des Maschinenraums. Eine Männerwelt, in der gegrunzt wird. Gefühlt wird da eher selten.

Für »Kombüsengold« habe ich die Köche auch nach ihrem Geheimnis gefragt. Zweieinhalb Jahre Arbeit stecken in diesem Buch. Es ist nicht mehr wie in der guten alten Zeit, als man mit dem Rad in den Hafen gefahren ist, an der Gangway gepfiffen hat und dann brüllte schon irgendwann einer: »Komm rüber.« Heute ist es alles andere als einfach: Die Sicherheitsbestimmungen sind streng und die Reedereien reagieren vorsichtig. Es hat mir geholfen, dass ich den Mikrokosmos kannte. Zwei Jahre lang bin ich früher, als 16-Jähriger, als Auszubildender zum Schiffsbetriebsingenieur in der Maschine gefahren. Im Herz – manche sagen: in der Höhe des Schiffes. Dort, wo die bleichen Geister eines Schiffes wohnen, die auch nach sechs Wochen Fahrt durch die Karibik die Gesichtsfarbe eines soliden Magerquarks haben.

Für mich war es ein Gefühl von Zurückkehren. Ich kannte mich im Groben noch aus. Es ist natürlich immer so, das geht jedem von uns so, wenn er an Orte zurückkommt, die ihm etwas bedeuten oder an denen er einen wichtigen Teil seines Leben verbracht hat, einen prägenden Teil, dass es eine Art Déjà-vu gibt. Es ist nicht so schlimm, dass ich gleich anfange, Ölflecken wegzuwischen, wo keine sind. Aber schon so, dass man sagt: Da bin ich wieder.

Lesen Sie in diesem Kapitel von den »Jokern« aus der Bordküche.

ERSTER GANG

SALVATORE BALZANO

Es ist schon an Land ratsam, einen guten ersten Eindruck zu hinterlassen. Beziehungen hängen davon ab, Berufschancen, Freundschaften. Ein Schiffskoch muss noch etwas sorgfältiger darauf achten, am Anfang keinen Fehler zu machen. Der Besatzung stellt er sich nicht per Handschlag vor, sondern mit dem, was er auf den Tisch stellt. Und hat die Mannschaft erst einmal ihr Urteil gefällt, lässt es sich nur mit viel Mühe wieder revidieren. Seemänner sind raue Knochen, und wenn sie beschlossen haben, dass ihnen das Essen nicht schmeckt, verläuft das Leben des Schiffskochs weitgehend genussfrei.

Salvatore Balzano arbeitet seit wenigen Minuten an seinem ersten Eindruck. Der Italiener mit dem jugendlichen Aussehen steht schon seit siebzehn Jahren auf hoher See am Herd, kam aber erst vor wenigen Stunden an Bord der »Grande Congo«. Er bezog seine Kabine und machte sich sofort auf in die Küche. Jetzt wartet er darauf, dass ihm jemand erklärt, wo was zu finden ist. Sein Vorgänger hatte dafür keine Zeit mehr. Der hatte irgendwelche Probleme mit der Gesundheit. Mehr weiß Balzano nicht. Es interessiert ihn aber auch nicht, würde ihn doch nur belasten.

Langsam wird er unruhig. Wenn das Abendessen pünktlich auf den Tisch kommen soll, muss er bald loslegen. Was wird's denn geben? Balzano zieht die Schultern hoch. Es sieht nicht so aus, als würde er demnächst die Nerven verlieren. »Irgendwas mit Nudeln«, antwortet er. Da kann nichts schiefgehen. Der Mann ist Italiener.

SALVATORE BALZANO

Italien
Geboren 1970 / Schiffskoch seit 1995 / an Bord der »Grande Congo«

PASTA ALL'ORTOLANA
NUDELN NACH GÄRTNERINNENART

Tipp

Für 4 Personen

Zutaten:

350 g Rigatoni
2 kleine Zucchini
2 kleine Karotten
1 kleine Salatgurke
½ Sellerieknolle
2 Tomaten
einige Blumenkohlröschen
100 g Melone
1 EL Petersilie, gehackt
1 EL Kresse
1 EL Basilikum
1 EL Majoran
Peperoncini
6 EL Öl
50 g geriebener Schafskäse (Pecorino)
Salz

Für meinen Geschmack ist die Melone nicht notwendig, aber sie gibt dem Ganzen einen exotischen Geschmack.

Zubereitung:

1. Gemüse waschen, Zucchini, Karotten und Gurke in feine Scheiben schneiden. Das restliche Gemüse und die Melone würfeln
2. Alles in 3 EL Öl und mit je 1 Prise Peperoncini und Salz anbraten
3. In der Zwischenzeit die Nudeln in reichlich Salzwasser gar kochen
4. Kräuter mit je 3 EL Öl und Nudelwasser verrühren. Die abgetropften Nudeln und darüber das Gemüse in eine Schüssel geben
5. Kurz vor dem Servieren die Kräutersauce darübergießen und mit Käse bestreuen

HENNE-EI-PROBLEM

FREDERICK ROY VILLAMUEVA

Frederick Villamueva lehnt locker am Herd. In Griffweite stapeln sich die Eier für die Frühstücksomeletts. Er verweist auf eine unumstößliche Regel: An Bord von Handelsschiffen gibt es reichlich Huhn zu essen. Und noch mehr Eier.

Das liegt nicht nur daran, dass der größte Teil der Mannschaften heutzutage aus Asien stammt und eine Vorliebe hat für Speisen, in denen Eier verarbeitet sind, sondern auch an den Kosten. Und auch die muss der Chiefcook bei der Zusammenstellung seiner Speisepläne im Auge haben. Das Prozedere ist klar geregelt: Die Menüpläne für die kommenden Wochen gehen zusammen mit den dafür nötigen Bestellungen an den Kapitän. Er hat das Recht, die Bestellung zu korrigieren. Manche tun das, manche nicht. Das hängt davon ab, wie gut das Verhältnis zwischen Kapitän und Chiefcook ist.

Der Kapitän schickt die Bestellung zur Reederei. Weil dort die Rechnungen bezahlt werden, wird sie dort noch einmal geprüft und bisweilen frisiert, bevor der Lieferant den Auftrag bekommt. Es kann also letztlich sein, dass der Chiefcook in seinen Kühlräumen mehr Huhn zu verstauen hat, als er bestellt hatte, dafür aber weniger Eier. Das Verhältnis zwischen Villamueva und seinem Kapitän ist offenbar intakt: Über einen Mangel an Eiern kann sich der Koch nicht beschweren.

Aber für dieses Buch ein Rezept mit Ei oder Huhn aufschreiben? Nein, das wäre doch zu einfach für Europäer.

FREDERICK ROY VILLAMUEVA

Republik der Philippinen
Geb. 1964 / Schiffskoch seit 2006 / an Bord der »NYK Vesta«

KARE-KARE

Zutaten:

Für 6 Personen

500 g gewürfelte
Kutteln

Kutteln kann man bei
seiner Metzgerei vorbestel-
len. Aber Vorsicht: Beim
Kochen entfaltet sich ein
sehr intensiver,
eigener Geschmack.

1 kg Rindfleisch (z. B. Filet), gewürfelt, Kutteln oder Ochsenschwanz
(in ca. 2 cm lange Stücke geschnitten)

Es ist auch eine Kombination aus Filet, Kutteln
und Ochsenschwanz möglich.

3 Tassen Erdnussbutter

¼ Tasse Reismehl

½ Tasse Bagoong alamang (sautierte Garnelenpaste)

2 Zwiebeln, gewürfelt

2 Zehen Knoblauch, gehackt

4 EL Atsuete-Öl

4 Auberginen, in 1 cm dicke Scheiben geschnitten

1 Bund Pak Choi, halbiert

1 Bund grüne Bohnen, halbiert

1 Bananenknospe, wie die Aubergine geschnitten, blanchiert

½ Tasse Pflanzenöl

Salz

Zubereitung:

1. Das Fleisch in einem Kochtopf mit Wasser bedecken und aufkochen (ca. eine Stunde). Die Brühe abseihen und aufbewahren

2. Pflanzenöl und Atsuete-Öl in einer großen Pfanne erhitzen, Knoblauch und Zwiebeln goldbraun anbraten

3. Dann die Brühe, Reismehl, Fleisch und Erdnussbutter hinzufügen Aufkochen lassen und 15 Minuten bei mittlerer Hitze köcheln lassen. Mit Salz abschmecken

4. Aubergine, Bohnen, Pak Choi und Bananenknospe hinzufügen und einige Minuten mitkochen. Vorsicht, das Gemüse nicht zerkochen lassen!

5. Mit Bagoong alamang an der Seite und gekochtem Reis servieren

Es gibt Kulturen, in denen solche Rezepte ganz normal sind. Aber dieses ist für den europäischen Magen nicht gemacht. Das sollte man zu Hause nur kochen, wenn man Leute einlädt, die man vor eine kulinarische Herausforderung stellen möchte.

JOCHEN HACKSTEIN

AUCH BEGEISTERUNG IST EINE ZUTAT

Schon richtig, die Mannschaft ist den Launen des Kochs ausgeliefert. Aber zum Glück sind die ja beeinflussbar, fand Jochen Hackstein heraus. Der Offizier aß an Bord stets hervorragend, weil er den Männern am Herd mit Wertschätzung begegnete. Egal bei welcher Windstärke.

Herbst 1982, Java-See, ein später Nachmittag. Wir waren in eine Schlechtwetterfront geraten, die uns ordentlich durchschüttelte. Meterhohe Wellen, viel Wind, die »Bavaria«, ein Stückgutschiff im Liniendienst nach Indonesien, rollte schwer in der See. Auf dem Hinweg hatten wir Maschinen, Chemikalien und Konsumgüter geladen, auf dem Rückweg transportierten wir Pfeffer, Kaffee, Gewürze und Kautschuk. Ich war damals sechsundzwanzig und Dritter Offizier an Bord. Zu meinen Aufgaben gehörten die Navigation und die Sicherheit. Für uns auf der Brücke war der Sturm keine allzu große Sache. Mit einem solchen Unwetter muss man rechnen, wenn man diese Gegend durchfährt. Ich sorgte mich vielmehr um den Schiffskoch.

Wir wussten, dass er bereits mit dem Abendessen beschäftigt war. Wind hin, Wellengang her: Auch bei solchen Bedingungen erwarten die Männer ein ordentliches Essen. Doch in schlechtem Wetter kann es in der Kombüse gefährlich werden. Der Koch hantiert mit scharfen Messern. Die Töpfe sind zwar mit Leisten, die in Kreuzform über dem Herd montiert sind, fixiert. Aber kochendes Wasser schwappt schnell mal auf den Boden. Was eben noch ein fester Untergrund war, entwickelt sich in Sekunden zu einer gefährlichen Rutschbahn. Ein falscher Schritt – und alles Mögliche kann passieren.

Mein Telefon klingelte: der Schiffskoch. »Komm schnell runter«, sagte er. Er klang zwar nicht besonders aufgeregt, doch ich erschrak. Ich malte mir aus, was passiert sein könnte: eine Schnittverletzung mit einem der scharfen Messer vielleicht oder eine schwere Verbrühung? Ich musste zum Beispiel mal einen polnischen Matrosen behandeln, der sich beim Versuch, Kaffee zu kochen, einen Liter sprudelnd heißes Wasser über Bauch und Oberschenkel gekippt hatte. Mit großen Schritten eilte ich die engen Treppen nach unten.

Der Koch und ich mochten uns, seit ich ein paar Wochen zuvor an Bord gekommen war. Ein Österreicher, ein gelernter Metzger mit Schmäh. Sofort erkannte ich seinen Dialekt und sagte zu ihm: »Als gebürtiger Münchner weiß ich ja: Essen warm machen kann man auf der ganzen Welt. Kochen aber nur südlich der Donau.« Das war natürlich sehr schmeichelnd formuliert. Man versteht auch in anderen Regionen der Welt etwas von gutem Essen. Aber ich koche selbst gern und ich schätze die österreichische Küche. Mir war es immer wichtig, ein gutes Verhältnis zu den Köchen zu haben, mit denen ich unterwegs war. Viele Besatzungsmitglieder hoben, wenn sie überhaupt mal in die Kombüse gingen, nur den Deckel und sagten: »Ach, schon wieder …« Ich dagegen guckte in die Töpfe und fragte: »Das sieht ja interessant aus. Wie machst du das?« Meine Erfahrung: Je mehr Aufmerksamkeit und Interesse man dem Koch entgegenbringt, umso besser schmeckt sein Essen.

Ich erreichte die Kombüse und sah den Schiffskoch, der mir mit einem Grinsen im Gesicht einen Teller entgegenstreckte: eine große Portion Kaiserschmarrn. »Für die ganze Besatzung is des vui z'vui Oarbeit«, sagte er grinsend. »Aber mir zwei wissen, was guat is.« Wir nahmen uns zwei Stühle und aßen voller Genuss die Pfanne leer. Da konnte das Schiff schaukeln, so viel es wollte.

Ein paar Jahre nach diesem Erlebnis verließ ich die Seefahrt. Ich hatte sie zu einem Zeitpunkt erlebt, als sie noch Spaß machte, und hörte auf, als ich absehen konnte, dass der nicht mehr lange anhalten würde. Ende der Achtzigerjahre war das. Alles musste billiger werden, alles musste schneller gehen. Diese Entwicklung machte auch vor der Kombüse nicht Halt. Dabei sollten die Reedereien eigentlich wissen, dass nichts so sehr Geld spart wie ein guter Koch. Ein erfahrener Kapitän sagte mal zu mir: Köche, bei denen das Essen schmeckt, sind immer die billigsten. Aus einem schlichten Grund: Essen, das über Bord geht, ist teuer. Essen, das gegessen wird, dagegen günstig. Ein Koch, der etwas von seinem Handwerk versteht, schafft es immer, das Maximale aus dem Vorrat herauszuholen. Wenn zum Beispiel am Abend etwas vom Braten übrig bleibt, macht er am folgenden Morgen einen leckeren Brotaufschnitt daraus. So kommt er mit wesentlich weniger Geld aus.

Ich empfehle jedem, es so zu halten wie ich und den Köchen stets das Gefühl zu geben, dass ihre Arbeit wertgeschätzt wird. Nicht nur auf hoher See. Es geht mir, wenn ich selbst koche, nicht anders. Wenn alle ein langes Gesicht ziehen, habe ich keine Lust, mich stundenlang an den Herd zu stellen. Wenn ich aber weiß, dass am Ende jemand sagt: »Mensch, das schmeckt richtig gut!«, bin ich mit viel mehr Freude bei der Sache.

Auch Begeisterung ist eine Zutat. Das vergessen viele.

JOCHEN HACKSTEIN

Jahrgang 1957, bekam im Jahr 1982 sein Wachoffizierspatent und fuhr bis 1987 zur See. Heute arbeitet er als Sachverständiger bei einer Transportversicherung und berät Schiffsbesatzungen beim Be- und Entladen von Schwergütern.

DER BRUNNENWÄRTER
JOSE DE GUZMAN TAPINO

»Eigentlich ist es ganz einfach«, sagt Jose Tapino bei einer Tasse Kaffee in der Mannschaftsmesse, in der noch der Duft des Mittagessens hängt, gewürzt mit dem Geruch von Öl und Männerschweiß. »Die Küche ist auf einem Schiff wie der einzige Brunnen in einer großen Wüste. Früher oder später kommen sie alle hierher, und wer diese Chance nicht für sich nutzt, der ist selbst schuld.«

Tapino hat sich auf seine Aufgabe als Brunnenwärter lange vorbereitet. Bevor er 2008 zum ersten Mal alleinverantwortlich war für die Galley, brachte er eine sehr lange Ausbildung hinter sich. Nur so habe man genügend Zeit, in diese anspruchsvolle Aufgabe hineinzuwachsen und sich alles Notwendige vom Alten abzuschauen. Das beschränkt sich nicht allein aufs Kochen.

Man lerne im Laufe der Zeit viele unterschiedliche Charaktere kennen, entwickle eine gute Menschenkenntnis und erarbeite sich die Erfahrung, die man im Umgang mit all den Nationalitäten, Religionen und Besonderheiten an Bord braucht. Als er endlich allein loslegen durfte, war er im Grunde schon ein alter Hase.

Er übernahm den Brunnen. Und hat seine Chance genutzt.

JOSE DE GUZMAN TAPINO

Republik der Philippinen
Geb. 1973 / Schiffskoch seit 2008 / an Bord der »NYK Lyra«

SPANFERKEL

GERÖSTET

Für 6 bis10 Personen

Man rechnet pro Person 350 g Spanferkel. Wer kein ganzes Spanferkel verarbeiten möchte, kann als Alternative auch Jung-schweinekeule verwenden.

Nieren muss man immer wässern, sonst schmecken sie nach dem, was durch-gelaufen ist.

Zutaten:

1 kleines Spanferkel mit gesäuberten Nieren

Olivenöl

Meersalz und schwarzer Pfeffer

Für die Füllung:

4 rote Zwiebeln

1 Klacks Gänseschmalz

375 ml Rotwein

Nieren des Spanferkels, klein gehackt

½ Scheibe Weißbrot vom Vortag, gewürfelt

2 Zehen Knoblauch, geschält und gehackt

2 Salbeiblätter, kleingehackt

Zubereitung:

1. Am Vortag das Spanferkel gründlich innen und außen salzen und pfeffern (ca. 6 EL Salz), nicht zugedeckt auf einer Ablage im Kühl-schrank platzieren. Optimalerweise auf einen Rost legen, sodass es kühl und trocken lagert

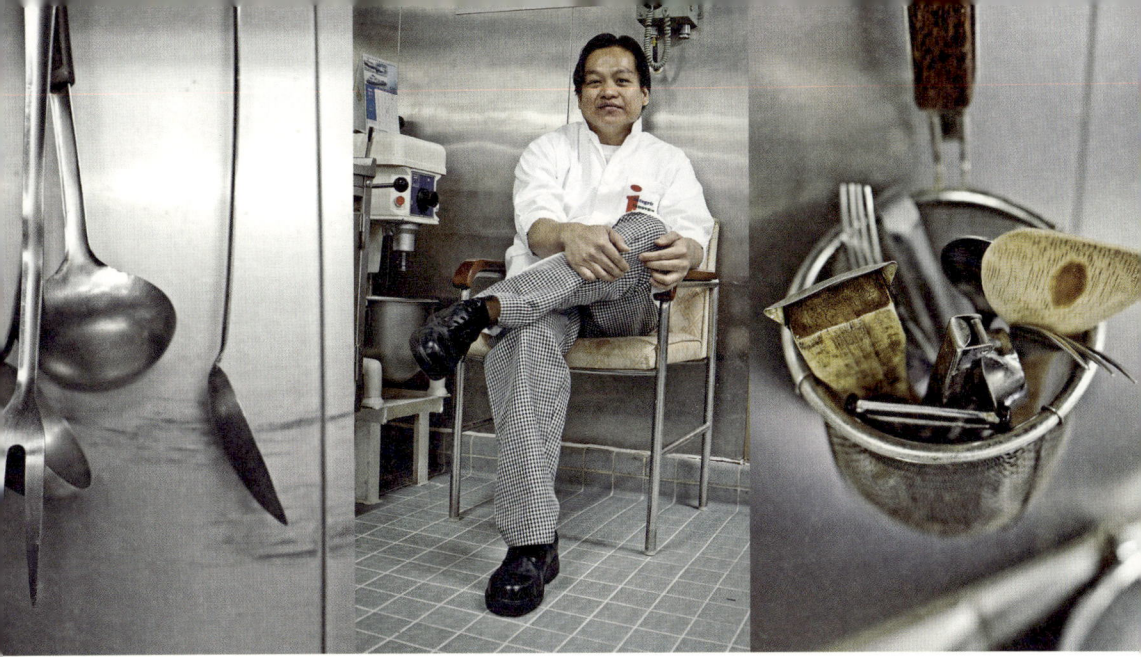

2. Die roten Zwiebeln im Gänseschmalz bei niedriger Hitze weichkochen. Rotwein hinzufügen, köcheln lassen und einreduzieren,
bis es eine leckere dunkelrote Confit ergibt

3. Falls die Zwiebeln ein bisschen trocken werden, ein wenig Wasser
hinzufügen und alles kochen lassen. Die kleingehackten Nieren zu der
Mischung hinzufügen. Brotwürfel hinzugeben und gut umrühren.
Mit Salz und Pfeffer abschmecken. Vom Herd nehmen, Knoblauch
und Salbei hineingeben und abkühlen lassen

4. Das Spanferkel auf den Rücken legen und die Füllung hineingeben.
Das Spanferkel so gut wie möglich zunähen (mit Küchengarn und
großer Nadel)

5. Den Ofen auf 160 °C vorheizen (Umluft 150 °C). Das Spanferkel
in einen leicht geölten Bräter legen, Bauch nach unten, Beine nah
neben den Körper. Einen kleinen Ball aus Aluminiumfolie in das Maul
des Ferkels schieben und die Ohren ebenfalls mit Folie einwickeln. Eine
gute Menge Olivenöl über den gesamten Rücken des Ferkels reiben
und Salz darüberstreuen. Das Ferkel in den Ofen schieben und für
3 ½-4 Stunden braten. Eventuell nach 2 Stunden den Bräter drehen

6. Es empfiehlt sich, nach ca. 3 ½ Stunden den Ofen auszuschalten
und das Ferkel noch eine halbe Stunde im Ofen ruhen zu lassen (bei
Umluft). Die Haut des Spanferkels sollte knusprig sein, das Fleisch zart
und saftig

Bei diesem Rezept kann
man wenig falsch machen.
Es ist aufwändig, aber das
Ergebnis versöhnt für die
viele Arbeit.

DER LEISE CHEF
ROMMEL
S. ZARASPE

Man kann in der Galley von Rommel Zaraspe nicht klar erkennen, wer hier Koch ist und wer Kellner, so entspannt ist die Atmosphäre zwischen ihm und seinem Steward.

Der Filipino hält nicht viel von Hierarchien und Chefgetöse. Zwar ist immer noch klar, wer hier das Sagen hat, aber in Zaraspes Galley muss niemand einem anderen etwas beweisen. Fröhlich schmeißen beide gemeinsam den Laden. »Zu zweit ist es einfach leichter«, sagt Rommel. Und je mehr man für den anderen mitdenkt und mitarbeitet, umso besser läuft es für beide. Auch der Mannschaft gegenüber treten sie als Team auf. Und weil vier Augen und Ohren mehr sehen und hören, wird ihnen bei jedem Einsatz schnell klar, mit wem sie es zu tun haben und worauf sie achten müssen, damit alle zufrieden sind.

»Ich bin froh, dass ich mit meinem Steward so zusammenarbeiten kann. Er ist aktiv, also muss ich gar nicht den Chef spielen.« Das liege ihm nämlich nicht besonders. Aber die Auswahl des Rezepts für dieses Buch ist, bitte schön, noch immer Sache des Küchenchefs.

ROMMEL S. ZARASPE

Republik der Philippinen
Geb. 1978 / Schiffskoch seit 2008 / an Bord der »NYK Ocenus«

SPINATCREMESUPPE

Für 4 Personen

Wir haben das Gericht mit frischem Wasserspinat aus dem Asia-Shop zubereitet.

Zutaten:

1 Tasse Spinat

1 ½ Liter Hühnerbrühe

½ Liter Milch

1 Prise Muskatnuss

½ Tasse Sahne

Petersilie, gehackt

Salz und Pfeffer

helles Schweinefleisch oder Huhn (als Fleischeinlage)

Zubereitung:

Es ist ein ganz simples Essen. Man kann dazu auch Penne kochen, Gorgonzola drauf – und fertig ist ein hervorragendes Penne-Gericht. Oder man nimmt weich gekochte Eier, gießt die Suppe darüber und hat eine vollwertige Mahlzeit. Man kann die Suppe aber auch als Soße für ein Stück gebratenen Fisch verwenden.

1. Den Spinat mit der Milch aufkochen und zur Seite stellen

2. Die Hühnerbrühe in einem Topf zum Kochen bringen

3. Suppe andicken lassen, bis sie zäh vom Löffel tropft

4. Den Spinat hinzufügen und erneut zum Kochen bringen

5. Die Hitze reduzieren und zwei Minuten lang kochen lassen

6. Muskatnuss hinzufügen und mit Salz und Pfeffer abschmecken

7. Mit Sahne und Petersilie garnieren

8. Gegebenenfalls rechtzeitig Fleisch hinzufügen, damit es vor dem Servieren gar wird

BLECH IM BAUCH

PAVEL
AORU FLORIN

Pavel Florin hat im Laufe seiner Karriere eine Regel aufgestellt, an die er sich eisern hält: »Gib nie etwas heraus, was du nicht selbst magst.« Die hat ihn auch an seinem aktuellen Arbeitsplatz vor unnötigen Scherereien bewahrt.

Der Rumäne verdient sein Geld auf einem Autofrachter. Dieser befördert ausrangierte Autos, Busse und Lastwagen von Europa nach Westafrika. Mit allem, was noch fahrbereit ist, rasen die Männer ins Innere des Schiffs. Und für alles, was sich aus eigener Kraft nicht mehr bewegt, stehen Servicefahrzeuge bereit, jedes mit einem alten Autoreifen vor dem Kühlergrill. Mit ihnen schieben die Fahrer die Wracks in den Bauch des Frachters hinein. Es geht zu wie vor einem Ameisenbau. Männer brüllen, Bremsen kreischen und der Schiffskörper füllt sich mit Abgasen und dem Gestank von Gummi.

Florins Galley befindet sich nicht nur im übertragenen Sinne weit oberhalb dieser Hektik. Die Klimaanlage schnurrt und Pavel sitzt lesend an einem Tischchen. Neben ihm dudelt kaum hörbar ein kleines Radio. Nein, an ihm und seinem Job sei nichts Besonderes, findet er. Er sei ein einfacher Mann, ein Koch, den es zufällig auf ein Schiff verschlagen hat. Nichts weiter. Das Einzige, was ihm nach kurzem Nachdenken einfällt, ist, dass man sich als Schiffskoch gut mit Eiern und Hühnchen auskennen sollte. Die gibt es häufig, aus Kostengründen. Kein Problem, findet Pavel. »Erstens haben sich Männer daran gewöhnt. Und zweitens gibt es dafür genügend leckere Rezepte.«

Er schreibt dann doch eines auf, das ohne Huhn und Ei auskommt, überhaupt ohne Fleisch. Schmeckt ihm trotzdem. Sonst würde er es auch niemals herausgeben.

PAVEL AORU FLORIN

Rumänien
Geb. 1975 / Schiffskoch seit 1998 / an Bord der »Reppublica de Brasile«

PENNE
MIT AUBERGINE

Zutaten:

Für 4 bis 6 Personen

Ich persönlich bin kein
großer Auberginenfreund,
weil dieses Gemüse beim
Braten so viel
Fett aufnimmt.

2 mittelgroße Auberginen

Olivenöl zum Anbraten der Auberginen

2 EL Öl zum Anbraten der Zwiebeln

1 mittelgroße Zwiebel, grob geschnitten

2 in Hälften geschnittene Knoblauchzehen

2 große Dosen pürierte Tomaten

12 Basilikumblätter, grob gehackt

Tolles italienisches
Gericht. Was mir sehr
gefällt, sind die Kapern.
Deren Säure gibt der
Schwere der Pasta eine
leichte, frische Note.

2 EL Kapern

Salz und frisch gemahlener Pfeffer

500 g Penne

Ricotta

Zubereitung:

1. Die Aubergine in breite Streifen schneiden, die Enden entfernen
2. Salzen und anschließend mindestens eine Stunde lang in einem Sieb trocknen lassen
3. Danach in Würfel schneiden
4. Das Öl bei schwacher Hitze in einer Pfanne heiß werden lassen, die gewürfelten Auberginen golden anbraten. Danach die Auberginen auf Papierhandtüchern abtropfen lassen
5. In einer separaten Pfanne zwei EL Olivenöl heiß werden lassen und darin die Zwiebeln glasig dünsten. Den Knoblauch hinzufügen
6. Die Tomaten zugeben und 15 bis 20 Minuten lang köcheln lassen
7. Basilikum, Kapern, Auberginen, Salz und Pfeffer beigeben
8. Penne in ordentlich Salzwasser al dente kochen und in einem Sieb abtropfen lassen
9. Mit geriebenem Ricotta servieren

24 V.

| VERDURA VEGETABLE | CARNE MEAT | SURGELATI FROZEN FOOD | ANTICELLA DRY PROVISION | LATTICINI | SCALDIGLIA MEATER |

HEIMWEH GUT ABLÖSCHEN
MAXIMO
V. BAGAY

Maximo Bagay ist ein etwas schwermütiger Kerl. Melancholie gehört zum Seefahrerleben, weil die Männer lange von ihrer Familie und ihrer Heimat getrennt sind. Er wurde Schiffskoch, weil er seinen Kindern den Besuch einer guten Schule ermöglichen will. »Bildung ist das Allerwichtigste im Leben«, sagt er. Er könne ihnen jetzt sogar das Studium finanzieren.

Seine Familie sieht er nur selten – was für ihn aber kein Grund zur Beschwerde ist. Dass ein Vater weit weg von zu Hause arbeitet, sei bei asiatischen Familien doch normal. Und er redet von Glück, weil er einen Job hat, bei dem er selbstständig arbeiten kann. Außerdem behandelten ihn alle an Bord wegen seiner Arbeit mit Respekt. »Und in meiner Küche ist es nicht heißer, hektischer oder anstrengender als in jeder anderen dieser Welt.« Genau genommen hat er es sogar einfacher, findet er. Auf einem Schiff zu kochen, sei doch, wie eine Familie zu versorgen. Irgendwann weiß man, welche Vorlieben jeder hat, und kann sich darauf einstellen.

MAXIMO V. BAGAY

Republik der Philippinen
Geb. 1960 / Schiffskoch seit 1995 / an Bord der »Perseus Leader«

BEEF
CALDERETA

Tipp

Für 4 Personen

Das ist die zweite
Caldereta-Version. Was
mich bei dieser wundert,
ist die Leberwurst. Für
manche gilt sie als Ge-
heimtipp in einem Beef
Caldereta. Ich esse selbst
gern ein Leberwurst-
brot. Wegen ihres hohen
Fettanteils verteilt sich
ihr Geschmack in warmen
Gerichten allerdings über
alle Zutaten. Ich kann mit
diesem Tipp deshalb nicht
viel anfangen.

Zutaten:

1 kg Rindfleisch, in Stücke geschnitten

1 große Dose Leberwurst

5 Zwiebeln, gehackt

5 Knoblauchzehen, gehackt

6 Tomaten, in Scheiben geschnitten

1 Dose Tomatensauce

3 grüne Pfefferschoten, gewürfelt

3 rote Pfefferschoten, gewürfelt

4 scharfe Chilischoten, gehackt

¾ Tasse geraspelter Käse

2 Tassen Rinderbrühe

¼ Tasse Olivenöl

DRINKING WATER NOT FOR WASHING

Zubereitung:

1. Die Zwiebeln mit dem Knoblauch anbraten. Tomaten sowie die Pfeffer- und Chilischoten beifügen

2. Das Rindfleisch, die Tomatensauce, Leberwurst und die Rinderbrühe zufügen. Nach Geschmack salzen und mindestens eine Stunde köcheln lassen, bis das Rindfleisch zart ist

3. Den Käse unterrühren, nach Belieben Oliven zufügen und köcheln lassen, bis die Sauce angedickt ist

4. Mit Reis servieren

Was an einem Gericht wie diesem an Bord praktisch ist: Man lässt das, was übrig ist, im Topf, und wer während einer Nachtschicht Hunger bekommt, kann sich einfach etwas nehmen.

Tipps:

1. Statt Rindfleisch kann auch Lammfleisch verwendet werden. Das sollte vorher mindestens 15 Minuten in Essig, Salz und Pfeffer eingelegt werden

2. Für ein besonderes Calderata nicht Rinderbrühe verwenden. Stattdessen dieselbe Menge an Zwiebeln wie Rindfleisch verwenden (1 Kilogramm Rindfleisch = 1 Kilogramm Zwiebeln). Die Zwiebeln dienen dann als Flüssigkeitsspender

DER BESTE JOB AN BORD

ERROL M. JACOB

Nach über zwanzig Jahren als Schiffskoch beschreibt Errol Jacob die Messe, als rede er von einem spirituellen Ort: ein stiller, friedlicher Ort, an dem die Männer zur Ruhe kommen, reden und sich stärken können.

Wie in einer Kantine hängt er zu Wochenbeginn die Menüs der folgenden Tage an die Tür zur Galley. Zugleich bleibt Errol flexibel. Wenn jemand auf etwas anderes Appetit hat, macht er in den meisten Fällen kein Problem daraus. Ein Omelett ist rasch gemacht und ein Fisch schnell gebraten. Ist doch Ehrensache, das macht er nicht aus Nettigkeit oder weil der Kapitän das erwartet, sondern aus Respekt vor der Mannschaft. »Natürlich könnte ich meine Arbeitszeiten beklagen, den stundenlangen Stress oder den täglichen Kampf um Anerkennung und die Zufriedenheit der Crew«, sagt er. »Aber mal ehrlich, die Männer hier an Bord schinden sich jeden Tag. Bei Eiseskälte, Sturm oder brüllender Hitze.« Oder unter Deck im Maschinenraum, da gebe es nur Kunstlicht. Heiß sei es dort und so laut, dass man sein eigenes Wort nicht verstehen könne. Und die Männer auf der Brücke: »Die tragen Verantwortung für das ganze Schiff und unsere Ladung. Sie müssen die Fahrpläne einhalten, uns über die Ozeane navigieren – von den Piraten neuerdings will ich gar nicht anfangen. Und sobald wir angelegt haben, schlagen sie sich mit Behörden, dem Zoll, Umweltbestimmungen, Ladepapieren und tausend anderen Dingen herum.«

Jeder der Männer verdiene seinen höchsten Respekt und habe Anspruch darauf, dass er eben tue, was möglich ist. »Denn im Vergleich mit all den anderen habe ich hier einen tollen Job und würde mit keinem an Bord tauschen.«

ERROL M. JACOB

Republik der Philippinen
Geb. 1968 / Schiffskoch seit 1991 / an Bord der »NYK Altair«

LUMPIA UBOD
FRÜHLINGSROLLEN MIT KOKOSNUSS

Tipp

Zutaten:

Für 4 Personen

Ich empfehle, die Wrapper nicht selbst zu machen. Die gibt es in jedem Asia-Shop zu kaufen.

Für die Lumpia Wrapper:

2 Eier

75 Gramm Weizenmehl

250 ml Wasser

Erdnussöl

Für die Füllung:

2 TL Öl

Meine Empfehlung: frische Bambussprossen verwenden.

1 Knoblauchzehe, gehackt

1 kleine Zwiebel, dünn geschnitten

100 g mageres Schweinefleisch

50 g Speck

4 TL Garnelen, gehackt

50 g gekochte Kichererbsen

200 g Kokosfleisch

150 g französische Bohnen

1 geschnittene Karotte

300 g geschnittener Kohl

12 Frühlingszwiebeln

Salz und Pfeffer

12 knackige Salatblätter

Für die Lumpia-Ubod-Sauce:

¼ Liter Hühnerbrühe

50 g Zucker

2 TL Sojasauce

1 TL Weizenmehl

3 TL kaltes Wasser

1-2 TL Knoblauch, fein gehackt

Zubereitung:

Lumpia Wrapper:

1. Eiweiß und Eigelb voneinander lösen und das Eiweiß schlagen, bis es steif ist. Dann das Eigelb mit dem Eiweißschaum vermengen
2. Vorsichtig das Mehl mit dem Wasser verrühren, sodass keine Klumpen entstehen
3. Die Masse vorsichtig unter das Ei heben
4. Das Öl in der Pfanne erhitzen
5. Mit jeweils zwei Löffeln Teig hauchdünne Wrapper backen
Dabei nicht wenden und die Wrapper keine Farbe annehmen lassen

Sauce:

1. Die Brühe mit dem Zucker und der Sojasauce zum Kochen bringen
2. Das Wasser mit dem Mehl verrühren und unter die Brühe rühren
3. 2-3 Minuten aufkochen, bis die Sauce andickt
4. Den Knoblauch hinzufügen

Füllung:

1. Das Öl erhitzen und die Zwiebeln und den Knoblauch glasig dünsten
2. Das Fleisch und den Speck hinzufügen und für einige Minuten anbraten
3. Die Garnelen und die Kichererbsen beigeben und einige Minuten lang weiterbraten
4. Das Kokosfleisch, die Bohnen, die Karotte und den Kohl unterrühren
5. Mit Salz und Pfeffer abschmecken
6. Die Pfanne abdecken und alles so lange kochen lassen, bis das Gemüse gar ist
7. Anschließend abkühlen lassen

Vollenden:

Die Füllung portionieren und jeweils mit einem Salatblatt und den Frühlingszwiebeln in einen Wrapper wickeln

Mit der Lumpia-Ubod-Sauce servieren

218

DIE KARTOFFEL-QUETSCHER

VOM KLASSIKER DER FEINEN KÜNSTE ZUM DILETTANTI-SCHEN ACTION-REISSER: DER SCHIFFSKOCH SPIELT IN LITE-RATUR UND FILM IMMER EINE HAUPTROLLE.

Aus seinen Augen spricht nackte Verachtung. Mit der Art, wie er das Essen auf den Tresen knallt, wäre er in einem Gefängnis besser aufgehoben. Sein Charme ist dabei so entwaffnend wie der eines gereizten Bullen. Keine zwei Minuten braucht Gérard Depardieu, um in »Life of Pi«, dem Oscar-prämierten Film von Ang Lee, einen denkwürdigen Auftritt hinzulegen. Der Bitte um eine vegetarische Mahlzeit entspricht er, indem er ein Büschel Petersilie auf eine pralle Wurst und ein Stück Leber platziert. »Die Kuh, von der die Leber stammt, war Vegetarierin«, schiebt er schlecht gelaunt hinterher. Am Ende faucht er: »Ich koche für Matrosen, nicht für Curry-Fresser«, und fängt an, sich zu prügeln.

Nicht alleine der Auftritt des Franzosen bleibt in Erinnerung. Es ist auch die Symbolik, die in dieser Szene steckt. Depardieus unmissverständliche Botschaft lautet: Hier wird gegessen, was auf den Teller kommt. Und was auf den Teller kommt, bestimme ich ganz allein. Denn ich bin hier der Schiffskoch. Vom Kapitän des Schiffs ist nichts zu sehen.

Es heißt oft, der wirklich wichtigste Mann an Bord ist der Schiffskoch. Von ihm, seinen Kochkünsten und seinem Umgang mit der Mannschaft hängt ab, ob die Männer zusammenhalten oder sich an den Kragen gehen, ob sie sich mit vollem Magen oder mit Wut im Bauch an die Arbeit machen. Im Mikrokosmos eines Frachters, eines U-Boots oder eines Tankers markiert er das Zentralgestirn. Das ist wahrscheinlich der Grund, warum der Schiffskoch, die Kombüse und das Essen nicht allzu oft thematisiert werden in Filmen und Büchern, die auf dem Meer spielen. Es scheint, als gälte das ungeschriebene Gesetz: Wenn der Schiffskoch und die Kombüse auftauchen, dann können sie nicht irgendeine Rolle spielen. Dann müssen sie eine Hauptrolle bekommen.

Zum Beispiel »Panzerkreuzer Potemkin«, ein Klassiker des Stummfilms: Der Film erzählt von der Meuterei auf dem russischen Kriegsschiff »Potemkin«. Die Handlung hangelt sich an den tatsächlichen Ereignissen des Revolutionsjahres 1905 im russischen Kaiserreich entlang. Vergeblich versucht der Matrose Wakulintschuk zu Beginn, die Besatzung zur Rebellion anzustacheln. »Worauf warten wir noch? Ganz Russland hat sich erhoben. Sollen wir die Letzten sein?«, ruft er, während die Kameraden matt in der Hängematte dösen. Erst das faulige Essen, das den Matrosen vorgesetzt wird, weckt in ihnen den revolutionären Geist.

Zum Beispiel »Die Schatzinsel«, ein Klassiker der Literaturgeschichte. Der legendäre Abenteuerroman handelt von der Expedition zu einer mythischen Schatzinsel. Zur Besatzung gehört Long John Silver, der einbeinige Schiffskoch, der hinter dem Rücken des Kapitäns eine Verschwörung anzettelt. Sein Plan: Nach der Bergung des Schatzes soll die Crew aus ehemaligen Piraten meutern und sich die Preziosen selbst unter den Nagel reißen. Unzählige Male wird der Roman des Schotten Robert Louis Stevenson verfilmt, und in jeder davon ist die Figur des Long John Silver mit ihrer diabolischen Persönlichkeit – nach außen freundlich und zuvorkommend, tatsächlich aber gierig und nur auf den eigenen Vorteil bedacht – die schillerndste. Kaum jemand aber verleiht ihr so viel Durchtriebenheit wie Tim Curry in der Version der »Muppets«. Und sein deutscher Synchronsprecher lässt das R obendrein so hanseatisch rollen wie ein Matrose in einer Hamburger Hafenspelunke: »Dass die Offiziere auf den Erfolg der Rrrrreise anstoßen, ist ein beliebter Brauch.« Zur Krönung sitzt auf Currys Schulter kein Papagei wie in der Literaturvorlage – es ist ein sprechender Hummer.

Zum Beispiel der vom »Seewolf« von Jack London: Der Schriftsteller Humphrey van Weyden gerät bei einer Schiffsreise in Seenot und wird vom Robbenfänger »Ghost« gerettet. Dort führt der despotische Kapitän Wolf Larsen das Regiment. Er quält seine Untergebenen, lässt sie seine körperliche Überlegenheit spüren und zwingt van Weyden, an Bord zu bleiben. Und welchen Ort wählt London, um dem Schöngeist vor Augen zu führen, dass er in eine Welt geraten ist, in der die Regeln seines bisherigen Lebens außer Kraft gesetzt sind? Die Kombüse. Dort fristet der Schiffskoch Mugridge sein kümmerliches Dasein. Er steht in der Rangordnung ganz unten. In den 1970er-Jahren wird das Buch mit Raimund Harmstorf in der Rolle des Wolf Larsen und

Edward Meeks als Humphrey van Weyden verfilmt. In der wohl berühmtesten Szene spielt neben den beiden eine Kartoffel eine entscheidende Rolle. Larsen möchte demonstrieren, was dem blüht, der sich seinen Befehlen widersetzt. Er nimmt eine rohe Kartoffel aus dem Eimer, hinter dem van Weyden sitzt, und zermalmt sie mit der rechten Faust. Über van Weydens Stirn ziehen sich während des Schauspiels tiefe Falten. Ihm schwant, dass er aus der Kombüse nicht einfach wird hinausspazieren können. Sie ist sein Gefängnis.

Womöglich fühlt sich van Weyden in diesem Moment so ähnlich wie der Schiffskoch, dem Hugo von Hofmannsthal ein eigenes Gedicht widmete. Es trägt den Titel »Der Schiffskoch, ein Gefangener, singt«:

»DER SCHIFFSKOCH, EIN GEFANGENER, SINGT«

Weh, geschieden von den Meinigen,
Lieg ich hier seit vielen Wochen;
Ach und denen, die mich peinigen,
Muß ich Mahl- um Mahlzeit kochen.

Schöne purpurflossige Fische,
Die sie mir lebendig brachten,
Schauen aus gebrochenen Augen,
Sanfte Tiere muß ich schlachten.

Stille Tiere muß ich schlachten,
Schöne Früchte muß ich schälen
Und für sie, die mich verachten,
Feurige Gewürze wählen.

Und wie ich gebeugt beim Licht in
Süß- und scharfen Düften wühle,
Steigen auf ins Herz der Freiheit
Ungeheure Gefühle!

Weh, geschieden von den Meinigen,
Lieg ich hier seit wie viel Wochen!
Ach und denen, die mich peinigen,
Muß ich Mahl- um Mahlzeit kochen.

Selten ist das Schicksal des Schiffskochs schöner in Worte gefasst worden. Die zentrale Stellung, die er innehat, ist oft genug auch ein Fluch: Exponiertheit macht einsam.

Anfang der Neunzigerjahre schließlich kommt ein Film in die Kinos, dessen Handlung so vielschichtig und komplex ist wie Weißbrot mit Marmelade. Sein Titel: »Alarmstufe Rot«. Seine Hauptfigur: Steven Seagal. Er spielt darin den Elitesoldaten Casey Ryback, der nach einer Prügelei aus seiner Einheit verbannt wird und, um seine Pensionsansprüche nicht zu verlieren, in der Kombüse landet. Stationiert ist Ryback auf einem Kriegsschiff der Navy. Mit seiner Kochmütze und der weißen Schürze gleicht Seagal allerdings so glaubhaft einem Schiffskoch wie ein Autoscooter einem Rennauto. Selbstverständlich ist er es, der die Welt am Ende vor dem Schlimmsten bewahrt. Eine Bande von Terroristen hat das Schiff gekapert, um zwei Nuklearraketen auf Hawaii zur Explosion zu bringen. Ryback überwältigt die Terroristen beinahe im Alleingang und zerstört gerade noch rechtzeitig die Rakete, bevor sie auf der Insel einschlagen kann.

Man kann den Film abtun als billigen Action-Reißer. Man kann ihn kritisieren wie das »Lexikon des Internationalen Films«, für das die Geschichte nur dazu dient, »das Bild des kriegerischen Mannes wieder salonfähig zu machen«. Man kann die Botschaft des Films aber auch anders deuten: Am Ende ist es immer der Schiffskoch, auf den es ankommt. So oder so.

Wenn es eng wird, haut er sie alle raus.

NOTIZEN

KOMBÜSENGOLD

32 Rezepte und Herdgeschichten von See

Originalausgabe, September 2013
Alle Rechte vorbehalten
© 2013 by Ankerherz Verlag GmbH, Hollenstedt
© Texte: Kai Schächtele, Berlin // Bastian Schlange, Dortmund // Stefan Krücken, Appel
© Fotos: Thomas Duffé

Gestaltung: Ana Lessing, Berlin
Illustrationen: Alexandra Bald, Berlin
Lektorat: David Schumacher, Hamburg // Stefan Krücken, Hollenstedt
Korrektorat: Wolfgang Sand, Landsberg

Satz und Herstellung: Wednesday – Paper Works, Berlin
Druck und Bindung: Friedrich Pustet KG, Regensburg
Gedruckt auf fsc-zertifiziertem, holz- und säurefreiem Papier der Firma Munkedals, Schweden
Printed in Germany

Bibliografische Informationen der Deutschen Bibliothek:
Die Deutsche Nationalbibliothek verzeichnet diese Publikation in der Deutschen Nationalbiblio-
grafie; detaillierte bibliografische Angaben sind im Internet unter http://d-nb.de abrufbar.

Ankerherz Verlag GmbH, Hollenstedt
info@ankerherz.de
www.ankerherz.de

ISBN: 978-3-940138-45-3

XUgCE45

Wir von Ankerherz legen Wert auf hochwertige Bücher und lieben es, edles Papier und Leinen in den Händen zu halten. Wir möchten aber auch, dass Sie unsere Geschichten am Strand oder im Flugzeug auf Ihrem Reader genießen können. Deshalb unser Service für Sie - das kostenlose Ebook. Mit diesem Code können Sie sich die Geschichten ganz bequem herunterladen.

Viel Vergnügen!